東日本大震災に遭って知った、日本人に生まれて良かった

講談社+α新書

はじめに——現場レベルがすごい日本人

東日本大震災が起こったとき、海外メディアはこぞって日本人の被災者の対応を賞賛した。米紙「ウォールストリート・ジャーナル」（三月一二日）は「不屈の日本」と題した社説で、「その被害にもかかわらず、人口一億二六〇〇万人の島国が大地震に適切に対応している」と評価。中国紙「新京報」（三月一三日）は、「被災者が大声で言い争うことなく秩序よく並び、弱者優先で助け合っている」と紹介。フランスの「ル・モンド」紙（三月一三日）は、「日本がパニックに陥《おちい》っていない背景には、『仕方がない』と達観する地震国ならではの心理がある」と報じた。

また、中国のインターネット上では、「日本人を見習うべきだ」「日本人は災難に直面して、どうしてあんなに冷静なのか」などの論調が並んだ。

そして、「フクシマ50」（Fukushima50）——福島第一原発の事故直後、現場に残り、命がけで復旧に当たった五〇人の作業員に対し、欧米などのメディアが与えた尊称だ。「ウォールストリート・ジャーナル」の取材によって、危険手当など一切の特別報酬なしに職務に当たった人々がいることも分かった。

さらに、原発事故に立ち向かった自衛隊、警察、消防を代表する「フクシマの英雄」五人が、人類に貢献したとして、スペインで「アストゥリアス皇太子賞」を受賞した。

このように、日本人の災害に対する心構えや態度について、「現場レベルはすごい」というのが、海外での定評となっている。そんな外国からの賞賛に対し、多くの日本人は、「当たり前のことなのに」と意味がよくつかめないでいる。

——この感覚の違いは何だろう。

阪神・淡路大震災のときもそうであったが、確かに、日本の被災地では略奪や窃盗《せっとう》は少ない。避難所での人々は静かだし、炊《た》き出しなどでも従順に列を作って整然と待っている。ゴールデンウイークには、被災者を助けようと、全国各地からボランティアが駆けつけた。もちろん、日本の被災地でも泥棒はいたが、それは外国に比べると、比較にならないほど少ない。ルワンダやアフガニスタン、イラク、ミャンマー、カンボジア、エチオピアなどの被災者ともいえる難民を取材した私の体験からも、それは実感できる。

なぜ、日本人は天災に際して、こんなに見事な対応ができるのだろうか。その疑問を解明することで日本人が見えてくる。

目次◉東日本大震災に遭って知った、日本人に生まれて良かった

第二章　被災地・吉里吉里の不思議

第三章　被災者たちが体験したこと

第四章　ハイチ大震災に遭った人々の悲劇

第五章　ハイチで闘う日本人

第一章　新幹線で遭遇した大震災

新幹線ホテルの夜

突然、新幹線のエンジン音が消えた。サー、ザーと力が抜けたような感覚。時速二〇〇キロだったスピードが自然にゆるみ、惰性で走る。いまにも止まりそうになる。そのとき、車輪からゴトゴトッと大きな音がし、少し車体が浮いた気がした。

——何ごとだろう。

天井からアナウンスが聞こえた。

「電気が来なくなりましたので、緊急停車いたします」

今度は車体が大きく横に揺れた。

——地震だ。やばい。

私は、窓の外を見た。田んぼのなかに溜まった水が波立っているのが見えた。

後部座席から男の声が聞こえた。

「地震だよ。山から煙が出ている」

私は、田んぼの横にこんもりと繁る林に目を向けた。

——本当だ。煙だ。しかし、何で地震と煙が関係あるのだろう。よく見ると、煙ではなくスギ花粉だった。木が揺れたため花粉をまき散らしているようだ。

そのとき、また大揺れがし、車輪がガタンと大きな音を立てた。

——やばい、脱線するぞ！　新幹線が脱線事故を起こすぞ。

そう思った瞬間、背筋に冷たいものが走った。

電車は完全にストップした。しかし、横揺れは止まらない。田んぼの水面も、明らかに振動している。東北新幹線の二階建て車両の二階に乗っているものだから、見晴らしはいい。よく見ると、新幹線は高架の上に乗っているので、さらに高みからの風景となっている。高架がゆらゆらと揺れている。私は覚悟をした。高架が崩れ、新幹線とともに落下するかもしれないと思った。しかし、死ぬ気はしなかった。何の根拠もないのに、落ちてもけがをするだけだろうと思った。勝手な楽観だった。

二〇一一年三月一一日午後二時四六分。東北地方太平洋沖地震の瞬間だった。私は当時、和歌山県の東南部にある新宮《しんぐう》市に住んでいたが、そのときは、たまたま東北新幹線に乗っていた。その日、外務省所管の独立行政法人国際協力機構（ＪＩＣＡ）の青年海外協力隊二本松訓練所で、隊員たちの二ヵ月半にわたる訓練の修了式が開かれ、私は来賓《らいひん》として出席した帰りだった。私自身も三〇年以上も前、隊員としてアフリカのエチオピアに派遣されたことがあり、現在はＯＢ会の理事を引き受けていることから式典に参加することになったのだ。

ＪＲ郡山《こおりやま》駅から新幹線に乗って、まだ一五分ほどしか経《た》っていなかった。

隣の座席に、当の隊員が一人乗っていた。若い二〇代の男性隊員で、これからアフリカに派遣されるので、ひとまず東京経由で実家に戻るという。まだ見ぬ異国の世界に思いを馳《は》せていた。しかし、突然の新幹線停車に気がそがれた様子で、ポカンとしている。

「地震ですか。危なかったですね。ちょっと遅れそうですね」

そう話しかけてきた。隊員くんは、私がＯＢであることは新幹線で隣り合わせになったとき、お互いに挨拶したので知っていた。

「ウン、すごかったね。脱線するかと思ったよ」

「そうですよね。怖かったですよね」

そのとき、車内アナウンスが流れた。

「皆様、ただいま停電中で大変ご迷惑をおかけしております。電気が来るまで、しばらくお待ちください」

そういうとぷつりと切れた。地震とはいわなかったが、乗客たちは明らかに地震が起きたと認識していた。ときどき携帯電話をかけようとする人たちがいる。

どこで起きたのだろう。あんな大きな揺れからするとかなり近い気がする。そのとき、私は日本を揺るがすほどの地震とは思っていなかった。しかし、すぐには復旧しないだろうという気はした。今日中に千葉市の実家に帰れればいいぐらいに思っていた。

地震直後、林から煙が出ているのが東北新幹線の車窓から見えた

頻繁《ひんぱん》に車内アナウンスが流れる。しかし、「いましばらくお待ちください」「お急ぎのところ、誠にご迷惑をおかけしております」といった文言ばかりで、地震の情報などの知らせはなかった。

「一時間ぐらいはかかるでしょうか?」

隊員くんの言葉に私は、

「もっとかかるかもね」と返事すると、隊員くんが、

「あっ、どうも東北のほう、仙台なんかで地震らしいですよ」と携帯電話を見ながら話す。携帯電話でニュースを見ているらしい。

「そうか、東北か。近いと思ったよ」

私は、そう答えるが、これはやばいと思った。広い範囲で被害があるとした

ら、電気の復旧も遅くなるかもしれない。明日までかかるかもしれないと思った。ひょっとして新幹線のなかで一夜を明かすことになるかもしれない。私は、いつか新聞で見た、新幹線で一晩缶詰になった人たちの辛《つら》そうな表情が頭をかすめた。あれが、自分の身に降りかかろうとは……。

そのとき、また車内アナウンスが流れた。

「皆様、大変ご迷惑をおかけしております。先ほど、東北地方一帯で地震が発生しまして、そのため列車が緊急停車しております。停電のため電気もストップしておりますが、復旧までパンタグラフを下ろしますので、もうしばらくお待ちください」

車内の食料調達

アナウンスが止まると、数秒後に、屋根の上からガタンと音がした。パンタグラフがたたまれる音だった。これは異常事態だ。

「よし、行こう」私は立ち上がった。

「どこへですか？」と隊員くん。

「車内販売だよ。長くなるから、何か食べる物を買っておこう」

「はい。僕も行きます」といいながら、隊員くんも後に続いた。二、三両進んだところに販売カウンターがあった。電気が来ていないので薄暗い。でも、昼間だから、品物の判別は十分できる。まだ人はそんなに買いに来ていない。私は、カステラやゆで卵、サンドイッチ、チーズかまぼこなど、おなかに溜まりそうな食料を急いで選んだ。隊員くんは、まるで付き合いで来たように、小さなつまみのようなお菓子を一つ選んだだけだった。

「そんなもんでいいの？」と小さな声で訊くと、彼はちょっとうなずいただけだった。

席に戻ると、彼はさっそくそのお菓子をボリボリと食べ出した。どうも電気が復旧するまでの時間潰しに食べている風だ。私はといえば、それは夜や朝の食事のために買ったので、いま食べようとは思っていなかった。

「早く、動かないかなあ」、ボリボリと隊員くん。

「そんなに早くないよ。今日中に回復するかどうか。ひょっとしたら、明日までかかるよ」

そういうと、彼は、えっ！　といった表情で、やっと現実を認識したようだった。

「そんなにかかりますかねえ？」

「まあ、かかるかもね。今夜は、新幹線ホテルだな」

「ええっ、弱ったなあ。今日、家で待ってるのに」

アフリカに派遣される前に、両親との最後の晩餐《ばんさん》を楽しみにしていたのだろうが、急な展開に彼は落胆を隠せないようだ。

そうだ。自分も家族に連絡しておかなければ。

私は、携帯電話で妻に電話した。電話はつながらない。こんなときは、かける人が殺到するんだよな。メールならどうか。

〈いま、新幹線のなか。地震でストップした。そちらは、大丈夫?〉

「おっ、行った行った! メールは行くよ」

そう教えると、隊員くんは、

「そうですね。僕も行きました。大変ですよね、こんなとき」

そういってから、

「それにしても、さすが先輩ですよね」

「何が?」

「イヤ、しっかり食料を確保するなんて」

彼は褒《ほ》めたつもりだったのかもしれないが、そういわれると、私は、何か悪いことでもしたような気になった。一人で買い占めているようで。

「イヤね、僕も協力隊で行ってたろ。エチオピアで革命は起こるし、飢餓地帯にも行っていたし、やばいときの危機管理意識が働くんだよ」

「だから、すごいなといっているんです。そういうことを体験している人は……」

私は何だか居心地が悪くなり、

「君だって、向こうへ行けば分かるよ」

私は「そうなるよ」とはいわずに「分かるよ」といった。だれもがそうなる気がしなかったからだ。私には、やはり独り占めしたという意識が残り、どこかで自分を責めていた。

突然、携帯電話が鳴った。妻からだった。

「よくつながったね。携帯はダメかと思った」

「うん、ずっとかけてて、やっとつながった」

「で、そっちの状況は？」

「うん、すごい揺れた。駅前はガタガタだし液状化で泥の海。でも風美（フミ・娘）も避難して大丈夫だったよ。家も風太（フータ・犬）も大丈夫だったから。東北のほうが震源だってね」

そう一気にまくしたてた。家は千葉市だが、あっちまで揺れたんだ。これはけっこう広範囲だと思った。

「こっちは、今夜は新幹線で泊まるかもしれないけど」

「大変だ。頑張ってね」

「携帯、電池がなくなると困るから、また何かあったら電話かメールするよ」

そういって電話を切った。様子が分かってすこしホッとしたが、千葉でも被害があったと聞いて、おおごとだという気もしてきた。

新幹線のなかも次第にざわつき始めた。お互いに情報を出し合っている。

「陸前高田《りくぜんたかた》も相当やられたそうだ」

「東北新幹線は全部止まってるらしいよ」

「マグニチュード八・八（後に九・〇に修正）だってよ」

それぞれ、携帯のニュースや電話やメールで得た情報だ。

われわれは、どうしようもなかった。天の助けを待つしかなかった。時間はたっぷりとあった。窓の外の風景は何も変化がなかった。相変わらずの田園風景。時折余震が来ると、微《かす》かに田んぼの水溜まりが波を打つだけ。世界の動きが止まったかのように思えた。


カウンターカルチャーショック？


隊員くんが話しかけてきた。

「先輩は、エチオピア派遣でしたね。隊員時代はどうでした。面白かったですか？」

「ああ、よかったね。あの体験は、僕の人生を変えたね」

「えっ、どんな風にですか？」

「複眼を持つってやつだな。日本にいると、その価値観でしかものごとを見ないが、もう一つ、外から見る目を養えるんだな」

「へー」と、分かったか分からないのか、あいまいな返事をした。

「まあ、行けば君も分かると思うよ。いまは、君にとっていちばんいい時期だからね。これから海外雄飛できるわけだから前途洋々だよ。でも、勝負は帰国してからだからね」

「そうですか。帰ってからが大変なんですか？」

「そうだよ。日本は特殊な国だからね。一度、海外で精神を解放すると、日本へ再突入する際の摩擦がすごいからね。それをカウンターカルチャーショックというんだ。訓練所で習っただろ」

「ええ、習いました。そんなにすごいですか？」

「ああ、向こうの国に慣れるのは簡単だよ。楽しいぐらいだよ。でも、帰ってきたとき、知ってるつもりの日本に再適応できない自分がいるんだよ。それは苦しいよ。行っている間の二年間に、自分がいつの間にか変化してしまっているんだ」

「へー、そんなですか。じゃあ、どうやって日本に適応したんですか？」

「そうね……。難しいね。簡単に説明はできないけど、苦しかったよ。一時はノイローゼみたいで、夜寝ていると、窓の外からエチオピア人の声が聞こえたりしてね」

「へー、かなり重症ですね」

「そうだろ、もう完全に病気。病気といえば、その頃、医者に診てもらったことがある。胃が痛くなってね。そしたら、ストレスで胃がやられているって診断されたよ」

「へー、それで、どうやって治したんですか？」

「もう一回、エチオピアに行ったんだよ。会社を辞めてね。協力隊の緊急再派遣というやつだったんだけど。ちょうど、向こうから要請があったんだよ」

「それで、どうなりました？」

「二度目は八ヵ月間、飢餓難民救済委員会というところにいたんだけど、これで治ったんだな、カルチャーショックが」

「どういうことですか、治ったって」

「最初にエチオピアに行ったとき、自分は、一生懸命エチオピア人になろうとしたんだな。エチオピア人と同じものを食べ、同じような家に住み、同化しようとしたんだ。そして、日本に帰ったとき、今度は日本人になろうとしたんだ。ところが同化できなかった。日本人になり切れなかった。自分が変わっていた」

「へー、それで、どうやって？」

「二度目にエチオピアに行ったとき、思ったんだ。俺はエチオピア人になる必要もないし、日本人になる必要もない。そんなものはっきり定義されたものではないことに気づいたんだ。それは単なる傾向に過ぎない。これが日本人だっていうはっきりしたものはない。自分は自分でいいと。そうしたら、自分とエチオピア、自分と日本とのはっきりとした距離があることに気づいたし、距離感もつかめたんだ」

「へー、そんなものですか」

「だから、僕は自分のことを在日日本人、アフリカにいると在アフリカ日本人と思っているんだ」

「それ、どういう意味ですか？　在日韓国人なら聞いたことあるけど」

「自分に意識的になるということ。日本にいる日本人というのは無意識に生きている気がするんだ。何も考えなくとも日本人。何も表現しなくとも日本人でいられる。ところが、日本人が外国に行くと、意識して自分を表現したり、『日本人』だと表明しない限り日本人と認められない。では、日本にいる日本人はどうか。何も意識しなくとも、黙っていれば自然に日本人と認められる。つまり、無意識でいられるということだ。

ところが、いったんエチオピアという外の世界を知った自分は、自分を意識せざるを得ない。だから、日本にいても、自分を日本人だとたえず意識する癖がつくようになる。それは、さっきいった複眼を持つということとも通じるんだけどね」

「ひゃー、なんだかややこしいですね。吉岡先輩、ちょっと複雑過ぎ。僕にはよく分からないなあ」

「まあ、君も違う文化のなかでもまれれば、感じるようになるかもしれない。ところで、君は、これまでどんな仕事をやっていたの？」

「風力発電の会社にいました」

「風力発電？　そんなの日本でやってるの？」

「ええ、やっていますよ。そんなに多くはないですが」

「どこで？」

「北海道で」

「ふーん、北海道ならできそうだな。それで、どうなの、風力発電の未来は？」

「うーん、はっきりいって、日本には向いていないですね。あれ、すごく費用がかかるし、日本って、そんなに風が吹かないんですよ」

「そうか、あれ、重そうだもんな。動かすのに、相当エネルギーがいるよな。じゃあ、日本に向いている発電って何？」

「そうですね……」

「水力発電かな？」

「いや、あれもダムを造らないといけないから」

「そうだな。いまや脱ダムだもんな。じゃあ、火力？」

「二酸化炭素の問題がありますよ」

「じゃあ、原子力発電か？」

「さあ、日本にはウランがありませんからね」

「そんなことないよ。もう一〇年も前だけど、飛行機のなかで東京電力の人が隣の席だったので、聞いたことがあるんだ」

「どんなことですか？」

「東京電力は当時、海水からウランを取る研究をやってるっていってたな。海水のなかにはウランの成分が含まれているから、それを取り出せれば、日本の周囲は海だから無限の可能性があるっていっていたよ」

「フーン、でも、まだ実用化されていないようですね」

「まあ、経費がかかるんだろうな。理論的には可能だといっていたよ」

エアコンも電灯もない車内で

われわれの雑談は続いた。窓の外が次第に薄暗くなっていくのが分かる。それと並行するように室内の温度が下がっていく。電気が来ないからエアコンが効かないのだ。これは最悪だと思った。

新幹線ホテルは覚悟していたが、これは、それまで新聞でよく見ていた状況とは違う。エアコンも電灯もない状態。真っ暗ななかで寒さと闘わなければいけないのだ。

私は、荷物棚からスーツケースを下ろし、衣類を取り出した。重ね着をするためだ。隣の隊員くんも私に倣《なら》った。

暗い新幹線内部。福島県郡山市近郊で

地震の情報は徐々に入ってくるらしく、周囲の乗客らの間で「石巻《いしのまき》は震度六」「仙台も」とか、「陸前高田は全滅らしいよ」などと情報が飛び交っている。かなり深刻な状況だと分かってくると、もうだれも自分たちの状況に不満の表情を見せる者はいなくなった。それよりも、こんな状況だけで済んだ自分たちのことを幸運だと思っているようだ。新幹線のなかで缶詰になっていたって、命に別状はないからだ。被災地で多くの人たちが亡くなったことは想像に難《かた》くなかった。

話し疲れた私は、少し眠ることにした。

しかし、寒くてなかなか眠れるものではない。足のあたりがひんやりとしてくる。外は薄暗い夕暮れだが、曇り空のため、夕日独特の赤い色合いはほとんどない。限りなくグレーの世界。田んぼの向こうに国道らしき道路が見える。ときどき車が走る。あの車に乗せてもらって早く千葉の自宅に帰りたい欲求にかられるが、新幹線はかなり高い高架の上に止まっているので、とても自力で脱出できるとは思えない。

私は浅い眠りのなかで、エチオピアでの生活を思い出していた。

難民に投げ与えたコインの結末

一九七三年。エチオピアは大干魃《かんばつ》に襲われていた。BBCの情報で知ってはいたが、首都アジスアベバにいたので詳しい状況は分からなかった。私は、休暇を取り、アジスアベバから北方の町、アスマラ（現在はエリトリアの首都）に旅に出た。そのとき、難民という存在と初めて遭遇したのだった。

首都からアスマラまではバスで三日間かかる。夜は、途中の町で宿泊しながら行く。バスは昼間、延々と走る。昼食時と、乗客が用足しに止めてくれといわない限り、走り続ける。一日中座っていると、さすがに尻が痛くなる。

夕方、デッシという町に到着した。至るところに物乞《ものご》いがいた。道端で薪《まき》を燃やし、食事を作っている。地べたに寝ている者もいる。子ども、老人、若者、女。皆、薄汚れている。町は異様なムードに包まれていた。

「この人たちは難民なんだ」

私は、ようやく事態を認識した。いつの間にか干魃地帯に入っていたのだ。

その翌朝、まだ夜も明けていないのに、バス停は人でいっぱいだった。その大半は難民。旅人から施《ほどこ》しを受けようと、押し寄せていた。難民たちはバスのなかまで行列を作って入ってくる。目の見えない人、片足のない人もいる。「エグザベル（神よ……）」と呪文《じゅもん》のような言葉を唱えている。小銭を出そうとしてギョッとする。目の前に出された手はグローブのように大きかった。だが、本物の手だった。病気で肥大したに違いなかった。

バスが走り出す。ところが、すぐに立ち往生した。道路が難民で埋まり、前に進めない。バスの前には、何千、何万という人の波が広がっていた。

プッ、プッ、プッ、ププー、プッ、プッ、プッ、ププー……。

バスは何度も警笛を鳴らすが、動けない。

「これが難民か」

私は、窓の外の風景に釘づけになっていた。人々は私に向かって手を差し延べ、金や食べ物をねだる。目が何ごとかを訴えている。射るようで怖い。そんな目が一〇〇、二〇〇と連《つら》なっている。

何という光景だろう。私はこれほどエネルギーを蓄《たくわ》えた群衆を見たことがない。いまにも爆発しそうだ。人生において、こんな状況に遭遇することは二度とないだろう。理解しがたい情景だが、記憶を定着させておきたい衝動にかられた。

私はバッグのなかからカメラを取り出し、私を睨《にら》みつける坊主頭の女に向かってシャッターを切った。一枚撮ったところで、嫌悪感が私を包んだ。それは女に対するものではなく、自分への嫌悪だった。なぜ撮らなければならないのか。撮ったからといって、彼女を救えるのだろうか。それはない。明らかに傍観者としての目でしかない。私がいま撮った坊主頭の女に対する冒瀆《ぼうとく》でしかない。女は、飢えのため明日をも知れぬ運命なのだ。

私は後ろめたさでいっぱいになった。それをかき消すため、窓を開けた。小銭入れから取り出したコインを数個投げた。これで傍観者として写真を撮ったという行為は許される……。

ところが、事態は急変した。コインを求め、いくつもの手が空中でからみ合う。コインがこぼれ、地上へと落ちた。それを求めて、何人もがかがみ、転び、その上に人が重なった。やっとコインをつかんだ女の背に、男がのしかかる。女は、重さに耐えかね悲鳴を上げる。

それでもコインを離さない。そばにいた男が女の手をつかみ、コインをもぎ取ろうとする。周囲の難民も騒ぎに気づき、自分も施しを受けようと、われもわれもと押し寄せる。あたりは大混乱となった。

私は、自分のやった行為の恐ろしさに凍《こお》りついた。私は、ただ小石を池に投げ入れただけだった。小石は水面でゆっくりと波紋を広げ、それは次第に大きくなり、やがて怒濤《どとう》となって押し寄せ、岩に砕け散った。

アメーバ赤痢の症状

それから三年後、私は、再びエチオピアの大地に立っていた。青年海外協力隊緊急再派遣で、飢餓難民救済委員会という役所の広報を担当していた。私が最初に難民に遭遇した翌年には、同国で革命が起きた。それでも飢餓は収まらず、世界中の大問題となっていた。エチオピア政府も対応のために同委員会を設置したというわけだった。

私は一九七六年夏、エチオピアの東南部にあるオガデン砂漠の飢餓難民を取材していた。難民の多くは遊牧民だったが、家畜を持っていなかった。干魃で死なせてしまったのだ。家畜を失った遊牧民たちは生きる術《すべ》をなくしていた。そこで、飢餓難民救済委員会は遊牧民たちに農業を教え、定着させるプロジェクトを立てたのだった。

新しい定着場所は川の傍《かたわら》だった。そこに家を作り、学校を建て、灌漑《かんがい》用水を掘る。その模様を私は何日もかけて撮影していた。われわれ委員会のスタッフも砂漠の真ん中にテントを張り、遊牧民を指導する。

昼間はウンザリするほど暑い。喉が渇く。遊牧民たちは川から汲《く》んできた泥水を飲んでいる。スタッフは町から運んできた水道水を飲んでいる。私はどちらの水も飲めなかった。水道水といえども、沸騰させない限り安全とはいえない。肝炎を引き起こすウイルスやアメーバ赤痢《せきり》の菌がいるからだ。

私は両方の病気を経験していた。肝炎では、一ヵ月間入院し、アメーバ赤痢では、一ヵ月間下痢《げり》が止まらなかった。下痢は、夜中、寝ている間にパンツが便で濡れてしまうほど激しかった。

私は、地元の子どもたちにスイカを取ってこさせて喉の渇きを潤《うるお》していたが、とても間に合わない。ついには水道水を飲まざるを得なくなっていた。

水の次は食べ物。砂漠のテント生活では体力が弱ってくる。食事は配給される堅いパンと缶詰だけ。毎日同じ食事。私は一週間もすると、そんな生活が怖くなった。

こんな状況では、難民よりもこちらがくたばってしまう。ここで病気になったらどうなるのか。医者はいないし、薬だって満足にない。町までは車で三日かかる。大きな病院に行こうと思ったら、そこからさらに飛行機を使わねばならない。へたをすると首都アジスアベバまで帰るのに一週間かかる。

そこまで考えたとき、

「こんなところで死んでたまるか」

と思った。難民のことなどどうでもよいと思った。そんなことよりも「肉が食いたい」と思った。アジスアベバの中華レストランの料理が目の前に浮かんでは消えた。

テントの向こうでは体力の弱った難民が死んでいる現実がある。

でも、正直そんなことはどうでもよかった。

「難民なんか知るか」

そう思ったと同時に、自分のなかのボランティアのイメージがガラガラと壊れていった。

自分はボランティアとして失格、人を助ける資格もないと思った。自分の偽善性を思い知らされた。

鹿肉で知った生きること

その翌日、飢餓難民救済委員会の仲間に「鹿狩りに行こう」と誘われた。

「こんなところで鹿狩り？」

男は内ポケットからピストルを取り出した。ピストルは別段珍しくなかった。この国では定収入のある人間ならだれでも持っていた。そのことよりも、こんな砂漠で鹿狩り、という発想に驚いた。皆、肉に飢えているのだ。

ともかく、ついていくことにした。四輪駆動車に数人が乗り込み、土煙を上げて走った。しばらく行くと、本当に鹿がいた。遠くに数頭が群れ、わずかな緑を食《は》んでいた。男たちの目が輝き始めた。四輪駆動車は鹿のほうに向かってスピードを速めた。

車に気づいた鹿たちは一斉に逃げ出した。車はグングン進む。鹿も速い、全力疾走だ。速度計を見ると時速六〇キロを指している。こんな道なき道を六〇キロでは危険だと思った。ところどころに穴やブッシュがあるからだ。鹿に追いついた。車はなかの一頭だけに絞り込んで追う。鹿がフロントガラスの真ん中に見える。息遣いが聞こえるようだ。

いつピストルで撃つのだ。「撃つならいまだ」と思ったが、こんなに揺れていたのでは当たらない。そのとき、鹿の走る速度がいくぶん緩《ゆる》んできた。息切れしてきたのだ。

「あっ、危ない」

ガクンと音がした。

鹿がはねられた。

男たちは歓声を上げた。

その夜、夕食に焼いた鹿の肉が出た。男たちは骨についた香ばしい肉片にむしゃぶりついた。私も続いた。美味《おい》しかった。鹿の肉はクセがなくて食べやすい。生き返るようだった。

「エチオピア人は、鹿の肉をよく食べるのか?」

訊くと、あるスタッフは、

「いや、そんなに食べない。特に、この辺は国立公園になっていて、禁猟区だ」

と答えた。

私は、二重に悪いことをしているのだと思った。国立公園で狩猟をしたことと、難民に隠れて、自分たちだけが肉を食べたこと。しかし、それが生きることだと知った。日本人としての良心は吹っ飛んでいた。

ビールはあっても水はない車内で

女性の声に、ハッと目覚めた。私は昔の出来事を夢で回想していたのだ。あたりは暗いが、目の前に女性が立っているのがうっすら見えた。

「何か、お飲み物はいかがでしょうか?」

そう声をかけてきた。私にというより、隣の隊員くんに。隊員くんは、とまどっていた。

私は、「何がありますか?」と訊いた。

「ビールとウイスキー……」

「お茶か水はないですか？」

「あいにく、売り切れてしまいました」

やはり、みんな考えることは同じだ。水分補給のためのお茶や水は早く売れるのだ。

「じゃあ、ビール一つ」私がいうと、隊員くんも、「僕も一つ」と缶ビールを受け取った。

金を渡すと、女性は通り過ぎた。すると、隊員くんが、「僕、アルコールは全然ダメなんです」という。「では、なぜ？」と口に出しそうになったが、すぐに納得した。彼もやっと現実を認識し始めたのだ。サバイバルというものを。ビールを買ったからといって、すぐ飲むわけではない。あくまでも最後の緊急用だ。

こんな寒い状況でビールを飲むと、すぐにトイレに行きたくなるに決まっている。通路の向こうのトイレの前は、人々が並んでいる。寒いから、みんなすぐにもよおすのだ。

そういう私も、そろそろ行きたくなった。私は、すっくと立ち上がり、自動ではない、いまや手動ドアを開け、列に並んだ。私の前に数人並んでいるが、仕方のないことだった。

トイレを終え、再び寝ようと思った。真っ暗でやることがない。携帯電話は、バッテリーがすぐに切れそうで、とても使う気になれない。何しろ情報伝達の最後の命綱なのだ。しかし、寝るには寒過ぎる。私は、再びスーツケースを下ろし、入っている衣類をすべて身につけようと思った。

ケースを開けるが、何が入っているのか見えない。携帯電話の画面の明かりを利用しようと思った。意外に明るい。これは使える。私は、昨夜着替えたアンダーシャツをもう一度重ね着した。靴下も二枚重ね、ワイシャツも上着も二枚重ねにした。

これで何とか眠れるだろうと思って、座席を目いっぱい倒して、体を斜めにして目をつぶるが、やはり寒さで目が覚《さ》める。頭や足首がことのほか冷える。

新幹線ホテルは孤独じゃない

私は二五歳の誕生日に、同じように寒さに震えたことを思い出した。それは、ギリシャの山のなかだった。

私は、修道院巡りをするためエーゲ海に突き出した半島にある、アトスという自治区を旅していた。キリスト教に興味があったわけではなく、ただ、面白そうなところ、見知らぬところへ行きたかっただけだった。

そこは女人禁制で、修道僧たちはほぼ自給自足に近い生活をしていた。自治区内に、一〇〇〇年も前に建てられたビザンチンスタイルの修道院が十数棟点在し、旅人はそこを順繰りに回ったりするのだが、レストランや店があるわけではない。食事はすべて、修道院で食べさせてもらう。修道院から修道院まではたいてい山越えをして半日はかかる。私が訪ねたのは最も寒い一月の末だったから、山は雪に覆われていた。そこを私はリュックを背負い歩くのだが、道しるべはすべてギリシャ語で書かれているから、私には読めない。それでついに山中で道に迷ってしまったのである。

迷っているうちに日が暮れ、力尽きた私は、雪のなか、寝袋に潜り込んで夜を明かした。そのときも、持っている服を全部重ね着して凌《しの》いだ。とても寒くて眠れるものではなかった。腹は減るし、私は、道端に捨ててあったオレンジの皮を食べて飢えを凌いだ。

いまとなっては懐かしい思い出だった。あの一夜に比べたら、この新幹線ホテルでの一夜はまだましな気がした。何しろ、孤独ではない。死ぬかもしれないという危機感もない。明日になれば助かる。いくら何でも明日には新幹線も動き出すだろうと思った。この文明社会で、これだけの集団が放っておかれるわけがないのだから。

現代の叡智を集めたトイレ

私は、ギリシャの思い出にひたりながら、再び寝たようだった。また、トイレに行きたくなったところからすると数時間は経っていた。腕時計を見ると午後九時を過ぎていた。

しかし、さっき寝ぼけ眼《まなこ》で聞いたアナウンスによれば、ほとんどのトイレが詰まってしまい、使用不可になっているという。トイレを利用する人は一号車に行ってくれという内容だった。

電気が来ないので、トイレが機能を果たさなくなっている。一号車だけはこの新幹線内のバッテリーで動かしているという。私の座席は六号車の二階だから、一号車まではかなりある。面倒だとは思ったが、行けるときに行っておかないと、そこもいつ使えなくなってしまうか分からない。私は一号車まで行くことにした。

行くと決心したはいいが、途中はほぼ真っ暗だった。それでも目が慣れてくると、通路かそうでないかぐらいの区別はつくようになる。それに手探りも交《まじ》えて歩いていく。何両か過ぎると、一号車が見えてきた。一号車と分かるのは、そこの車両だけは、天井から小さな明かりがもれていたからだ。一号車だけはバッテリーが動いているのだ。

トイレの前から五メートル以上の列ができていた。私は最後尾に並んだ。これは時間がかかると思った。前のほうには子ども連れの女性もいた。この状況で子連れではさぞ大変だろう。子どもはそんなに待てないだろうし、寒いし、暗い。母親は生きた心地がしないのではないだろうか。

しかし、並んでいるとき、最悪の状況がやってきた。

トイレの前で、交通整理をしていた車掌《しゃしょう》二人があわてて、トイレのなかに入ったり出た

りしている、そして、弱りきった表情で、

「皆様、このトイレも詰まって流れなくなりました」

「ええっ！」と乗客のなかから驚きの声。

「じゃあ、どうすればいいの？」

再び、車掌があわて始め、そばに置いてあった大きなビニール袋を手に取って掲げた。

「ええ、皆様、大変申し訳ないのですが、これからトイレは、この袋のなかにやってください」

「ええっ！」と今度は、どよめきに変わった。

「大変申し訳ありません。トイレが壊れて流れなくなったので……」

「どうやってやるの？」とだれかが問いかける。

「ええ、こうやってしっかり手で持って、なかに……」と説明を始める。

「終わったらどうするの？」

「終わったら、次の方に渡して……」

「ええっ、袋のなかに溜めていくの？」

車掌は、申し訳なさそうな顔で縮《ちぢ》こまっている。

「溜まったら、どうするの？」

今度は、私が訊いた。

「溜まったら、私たちが責任を持って捨てます」

「そんなんだったら、ドアを開けて、外でさせてくれよ」と私。

「そ、そ、それはできません。本部から乗客の安全を考え、絶対にドアを開けるなといわれていますので」

「そう、そんなことといわれてるの。線路には何も走っていないのに……」

責任を負うのがイヤなのだ。しかし、車掌に罪はない。

次の番は、小学生らしき男の子だった。母親がビニールを手に取り、少年と一緒にトイレのなかに入り、ドアを閉めた。

ああ、可哀想にと同情する気分になった。女性はもっと大変だと思った。

自分の番が来た。

私は、前の男性から袋を受け取り、男性用立ちトイレのなかに入った。

鼻の息を止めたまま袋の上部を少し広げ、なかに注ぎ込んだ。作業はすぐに終わった。しかし、何だか滑稽《こっけい》だと思った。やはり悲劇と喜劇は隣り合わせなのだと思った。現代の叡智《えいち》を集めて作った新幹線のなかで、こんな原初的な人間の姿を露《あら》わにしている。人間の尊厳は、いまにも崩れ落ちそうだった。

新幹線で見た大震災の映像

自分の席に戻る途中、パソコンを開いて動画を見ている人がいた。真っ暗ななかで、そこだけが光っているので、自然と目に入るのだ。私は歩きながら覗《のぞ》くと、ぼうぼうと何軒もの家が燃えている映像だった。家というよりも町が燃えているといったほうが適切だった。

「それ、どこですか？」

私は思わず訊いていた。

「陸前高田です」

「ヒャー、すごいですね」

「すごいよね……、もう町が全滅だよ」

「可哀想にね……」

周囲で映像を見ている人たちが、それぞれに感想をもらしていた。

「あっ、今度は気仙沼《けせんぬま》だ」

「こっちもすごいね」

ふと、私は訊いてみた。

「これ、何の映像ですか？　ライブですか、ニュースですか？」

「これ、ライブだよ。いま燃えてるんだよ」

「しかし、どうして映るんですか？　ワイヤレスでインターネットが見られるんですか？」

「これだよ、これ使ってるの」

と指でパソコンについている何かアンテナのようなものをさしている。

「はあ、そんなものがあるんですか。すごいですね」

「でも、バッテリーがなくなっちゃうから、もうすぐ切らないとね」という。

すごい世の中になったものだ。こんな電気も何にもないところでもリアルな映像が届くようになったのだ。私は感心しながら自分の席に戻っていった。それまでの断片的な言葉や文字だけの情報とは明らかに違っていた。言葉の情報だけだと、勝手に想像がふくらみ、最後は雲散霧消《うんさんむしょう》するだけで、何のイメージも頭に残らない。

私は、あのインターネットの映像のおかげで、大変な地震だったのだと納得がいった。

席に戻ってからも、燃え上がる炎のなか、シルエットで町が浮かび上がる映像が脳裏を離れない。私は改めて、今夜はここで眠るのだという覚悟ができた。あんな町が全部燃えるような状況では、とてもわれわれのことを心配するどころではなかろう。何しろ、あちらでは、人が大勢亡くなっているのだ。

私は、何も考えずに眠ることにした。

2011年３月11日午後11時11分、福島県郡山市近郊。避難するため１号車に向かう乗客

少しは眠ったであろうか。やはり寒さでときどき目が覚める。車掌がわれわれの人数を数えながら、通路を歩いている。しばらくすると、突然アナウンスが流れた。

「大変ご迷惑をおかけしております。救助隊が到着しましたので、これより前方車両のドアを開け、皆様をいったん路面に下ろします。そこからバスでホテルにお送りいたします。まずお子様と女性、高齢者の方を先に誘導いたしますので、順番に一号車に集まってください。繰り返します……」

予想外の展開に驚いた。

「われわれは助かったんだ。今夜はホテルで寝られるんだ」

私は、隊員くんに声をかけた。隊員くんの顔にほっとした笑みが浮かんでいる。

「よかったー」

時計を見ると午後一一時を過ぎている。

「さあ、準備しようか」

「いやあ、まだ時間ありますよ。一号車から順番になるでしょう」

「ここ六号車だもんな。ま、あわてることもないし、ゆっくりするか。しかし、よく来てくれたなあ、こんな時間に」

「そうですね。一時はどうなることかと思いましたけどね」

二人は暗闇のなかで、ゆっくりと準備を始めた。

線路から下りると消防団員が

一号車に行くと、順番を待つ人たちが集まっていた。外から、強い照明が当たっていた。救助隊が設置した明かりだ。非常口から一人ずつ、ゆっくりとはしごを伝って下りていく。慣れないはしごだから、慎重に下りていくので時間がかかる。

私が非常口に立つ頃は深夜零時近くになっていた。斜め上方四五度から、ライトが、はしごを照らしていた。出口に立つと、ちょうど舞台でスポットライトを浴びたような恰好《かっこう》にな

強い照明が当たるなか1号車を下りた乗客

る。私は手ではしごの端《はし》をつかみながら下りる。スポットライトを浴びるのはお尻だ。

下りた私は、隊員くんを待つ。隊員くんは、ちょうど逆光になり、影が浮かび上がっている。雨が少し降っていた。私はスーツケースから折りたたみ傘を取り出した。

二人で線路伝いに約二〇〇メートルも歩くと、線路からの出口が開けられていた。そこから普通の道路に出ると、地元の消防団の人たちが誘導してくれる。消防団の持ち物らしき一段と明るい照明もある。こんなとき、地元の消防団が動くのだ。どこでどうキャッチしてわれわれの救出劇がなされるのか、その仕組みはよくわからないが、日本人のチームワークはすごい。

一〇〇メートルも歩くと、傘を差した乗

2011年３月12日午前０時７分、福島県郡山市近郊。雪の舞うなか、バスを待つ新幹線の乗客

客たちが一団となって並んでいた。

手前のところで十数人が列から離れて待っていた。協力隊員たちだった。隊員同士は一緒に行動したほうがいいと思って、待っていたのだという。私は、そこで親しくなったばかりの隊員くんと別れて、ひとり列に並んだ。

皆、バスを待っているのだろうが、バスの姿は見えない。

何だ、まだバスは来ていなかったのかと思ったが、そうではないらしく、バスはホテルとの間をピストン輸送しているという。

一〇分が過ぎ、二〇分が過ぎた。そのうち、雨が雪に変わり始めた。

三月だというのに雪。やっぱり東北

は寒い。これじゃ、新幹線ホテル内でも寒いわけだと思った。

「寒いですね」「バスは遅いですね」「バスは二台だけだそうですよ」と周辺で会話が飛び交う。他人同士だが、同じ境遇に置かれた者同士だから、すぐにコミュニケーションが取れるようになる。

「ところで、ここはどこですかね？」と私。

「那須《なす》高原の近くらしいですよ」と前にいた男性が答える。

しんしんと雪が降り、体が冷えてくる。一〇〇人以上の乗客がいるが、皆おとなしい。だれも苦情をいう者はいない。東北の本当の被災者のことを思えば、これぐらいのことで文句をいう気は起こらない。それよりも、新幹線ホテルではなく本当のホテルに泊まれるというので、感謝に近い気持ちだった。

松川屋那須高原ホテルの天国

バスが同時に二台やってきた。二台では全員乗れないだろう、もし乗れなければ、もう一時間待たねばならないのか。少し不安になるが、助手席まで倒して詰め込んだら、ぎりぎり乗れた。狭いが、外と違って暖かいので、皆ホッとした表情だ。

全員が座ると、前方で男性が「ＪＲ東日本の〇〇です。今日は、大変ご迷惑をおかけしております。これから、那須高原温泉のホテルに向かいます。一時間近くかかると思いますので、よろしくお願いいたします」と挨拶した。ＪＲ東日本がすべて手配しているんだと納得した。

ホテルの名は松川屋那須高原ホテル。到着すると、三階の大広間に案内された。これだけの人数がいるわけだから、個室は無理のようだった。

ホテルの女将《おかみ》が立ったまま挨拶した。

「長い間、お疲れ様でした。今日はＪＲ様からご依頼を受けましたが、何ぶん急なことで、十分なおもてなしはできませんが、ゆっくりしてください。これから、おにぎりをご用意させていただきます。こんなことしかできませんが、おなかがすいている方は召し上がってください。何しろ、ここも地震の被害があり、このあたりでは、この地区だけ奇跡的に電気が来ています。ちょっと行くとこの辺一帯は真っ暗です。まだ、余震も続いておりますから、寝るときは、服を着たままでお願いします。あ、布団《ふとん》は、そちらに置いてありますので、そちらもセルフサービスでお願いいたします。それでは、ゆっくりなさってください」

と一気に説明した。

女将の話が終わると、皆、布団を取りに集まった。上下布団とまくらと毛布一枚でワンセット。私も一式受け取り、舞台の横に布団を敷いた。舞台というのは、温泉旅館の大広間に

2011年３月12日午前１時19分、栃木県松川屋那須高原ホテル。大広間に布団を敷き休む新幹線の乗客

よくある、段が高くなっているカラオケで歌うステージだ。

皆が布団を持って移動するのと同時に、おにぎりも運ばれてきた。机の上に置かれた。白菜の漬け物とお湯の入ったポットと茶碗も並べられた。乗客たちは集まり始め、「ありがたいわね、こんなときに」と声に出しながらおにぎりとお茶を持っていく。

大急ぎで作ったためか、おにぎりに塩はかかっていなかった。全部真っ白なおにぎりをまじまじと眺めてしまう。真っ白いご飯は、昔の人たちにとっては大変貴重な食べ物だったに違いないのだ。銀しゃりという言葉が、それを物語っている。

おにぎりを食べていると、今度は、ホテルの主人らしき人が出てきて、

「温泉に入りたい方は、一階の大浴場を開けておりますので、いつでもどうぞ。ただ、地震の影響か、少し温度が低くなっておりますのでご了承ください。タオルは、こんなときですから、ちょっと準備ができませんので、ご自分でご用意願いたいと思っております」

と頭を下げた。

こんな場面で温泉に入れるとは思わなかった。

「よし、入るぞ」

おにぎりを食べ終えると、私はスーツケースからタオルを取り出し、階下へ急いだ。階段の途中や踊り場の壁が落ちている。壁にヒビが入っているところもある。

こんな状況で、よくわれわれを受け入れてくれたものだと思った。

大浴場には、すでに人がいた。若い人たちで、元気がいい。きっと年寄りはくたびれて休んでいるに違いない。

浴場は、広いタイル張り。お湯は、白く濁っている。ぬるい。主人のいっていたことは本当だった。しかし、地震が起きるとどうしてぬるくなるのだろう。冷たい地下水が入ってきて、温度を下げるのだろうか。

「あつ、ここ温かい」

「え、どこどこ。あっ、本当に温かーい」

「そこ、源泉が出てくるところだからだ」

若者二人の会話だった。私も、磁石《じしゃく》に引っ張られるように、二人に近づいていった。

ふわーと次第に温かくなってくる。いい湯加減になってきた。私は、しばらくそこにいることにした。新幹線車両のなかで泊まる覚悟だったのに、温泉に入れるなんて夢のようだ。よく、こんなときに温泉を開放してくれたものだ。この宿のオーナーにお礼をいいたい気持ちになった。

「こんなときにありがたいねえ」

その翌朝、周囲のざわめきで目が覚めた。ここはどこか、私は何をしているのか、すぐには気づかなかった。あまりにも日常と違う状況だからだ。しかし、周囲の情景が目に入るとともに、現実感が戻ってきた。時計を見ると七時半。早く起きたからといって何があるということもない。新幹線が復旧できているとも思えない。今日一日どうなるのか見当もつかない。

しかし、周囲の乗客（元乗客といったほうが正確）は落ち着かない様子だ。寝てもいられないのだろう。私も起きることにした。起きるといっても、顔を洗って、歯を磨いて、布団の上に座っているだけだ。

　しばらくすると、昨夜の女将さんが入ってきた。

「はい、皆様、お早うございます。よく寝られましたでしょうか？　これから、おにぎりとお味噌汁だけですが、朝食のご用意をさせていただきます。温かいうちにお召し上がりください。はい、そこに置かせていただきますから、ちょっと空けてください」

　とテーブルをそろえている。

　その声に、まだ布団のなかに潜り込んでいた人たちも起き上がった。

　おにぎりの入った大皿に続いて味噌汁の入った大鍋が入ってきた。蓋が開けられると、湯《ゆ》気《げ》が立ち上った。その瞬間、控えめな歓声が上がった。

「ワー、味噌汁だ」

「こんなときにありがたいねえ」

　私は、味噌汁そのものより、その気持ちの共鳴の仕方にジーンときた。

　だれが決めたわけでもないのに、味噌汁をよそう人がいる。配る人がいる。割り箸《ばし》を渡す人がいる。漬け物を切る人がいる。人々が静かに並ぶ。割り込みもなければ、急ぐ人もいない。同時に並べば、お互いに譲り合っている。味噌汁を受け取れば、「お、悪いね」「ありがとうございます」などと声をかけ合っている。顔見知りなど一人もいないのに、見事な秩序

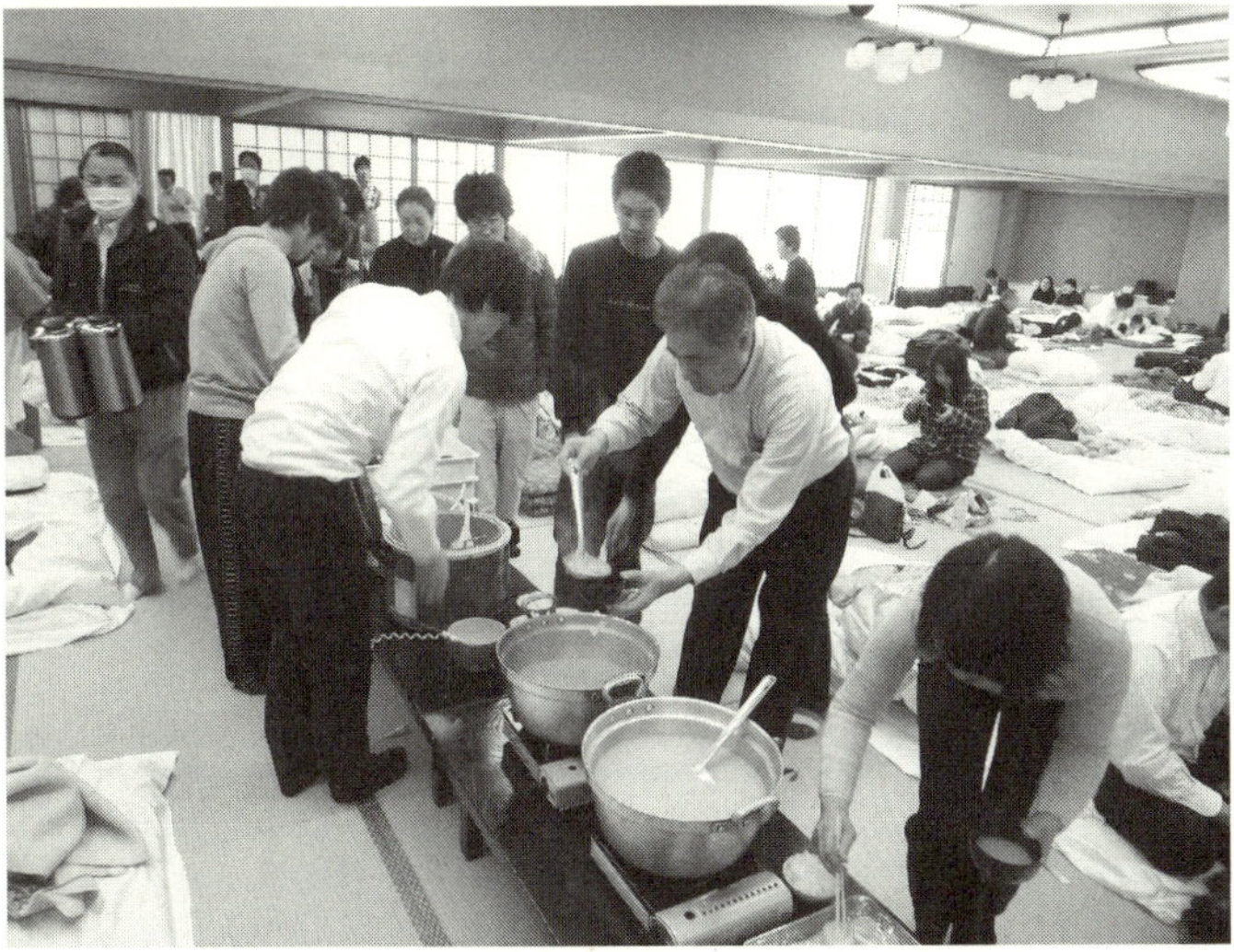

2011年３月12日午前７時48分、栃木県松川屋那須高原ホテル。味噌汁とご飯の朝食に、静かに並ぶ人たち

が形成され、感謝の気持ちが満ちあふれている。

これが日本なのだと思った。だれ一人、文句をいう人はいない。だれもが知っている共通の朝ご飯。だれもが分かっている作法とリズム。それを乱す人もいなければ、食べ方が分からないという人もいない。謹厳なベジタリアンもいなければ、味噌汁が嫌いだという人もいない。それぞれ出身地は違うに違いない。北海道の人も九州の人も、四国の人もいるに違いない。しかし、だれもが同じように美味しいと思い、そこにふるさとを感じているのだ。

考えてみれば、宿に泊まるときの夕

食にしたって、メニューはすでに決められているのが日本の旅館だ。ホテルであれば、魚か肉か、肉なら鶏か豚か牛か選択するようになっている。なかには、ベジタリアン用のメニューだってある。

どうして、日本の旅館はまるで定食のように、メニューがフィックスされているのだろうか。それはおそらく、日本の家庭では、出されたものは何でも食べるように、残さないようにと躾《しつ》けられていたからに違いない。作った人の気持ちを思いやれば、好き嫌い以前に食べてあげたほうが相手は喜ぶ。健康にもいい。皆と違うものを食べていれば、よそ者と思われる。ましてや残したりすれば、迷惑もかかる。そんな暗黙のルールが日本全国に広がり、それがあまりにも常識となり、まるで日本人は単一民族であるかのような錯覚を持つまでになっていったのだ。

町が用意した炊き出し

朝食が終わると、ＪＲ東日本の人が大広間に現れ、当日のスケジュールの説明を始めた。

「今日は、東北新幹線の復旧は無理と思われます。何しろ、仙台方面なども含め、全面的にストップしている状況ですから。復旧には時間がかかります。在来線もほとんどストップしていますが、今日、黒田原《くろだはら》駅から向こうは復旧する予定です。それで、皆様には駅に近い那

2011年３月12日午前11時45分、栃木県那須町スポーツセンター。体育館に避難し、JR東日本のスタッフの説明を整然と聞く新幹線の乗客

須町スポーツセンターまで移動していただこうと思っています。バスが午前九時には、このホテルに来ますので、昨日と同じようにシャトル方式で順番にお送りしたいと思っています。第一陣に乗りたい方は、九時一〇分までに下のロビーに集まってください」

今日帰れるんだ。みんなホッとした表情になった。

スポーツセンターに到着すると、もっと大勢の人たちがいた。広い体育館に一〇〇〇人はいる。皆、新幹線の乗客たちだ。自分が乗っていた新幹線だけじゃない。前日は何台も急停車したに違いない。ホテルがバラバラだっただけなのだ。

そこでも、おにぎりの炊き出しが出た。「町が用意しました」と配って歩く。この町の女性たちだ。しかし、動きが早いのに感心する。昨日の今日なのに、よく人もおにぎりもお茶も用意できたものだ。体育館には、大きなストーブも設置してある。こんな小さな町で、この暖房費や一〇〇〇人分の食事代はばかにならない負担だと思った。しかし、だれが命じるわけでもないのに町は動く。日本のこの助け合い精神は素晴らしいと思った。かつて日本で生きることに息苦しさを感じた自分を恥じた。

第二章　被災地・吉里吉里の不思議

三五年ぶりに再会したわけ

千葉の自宅に帰ったのは、二〇一一年三月一三日の午前一時ごろだった。地震が起きてから三四時間後に到着したことになる。その後の経路をいうと、那須町からバスで宇都宮《うつのみや》駅まで出て、そこから在来線各駅停車で東京駅まで。そこから京葉線各駅停車で海浜幕張《かいひんまくはり》駅までの長い道のりだった。

その翌々日、私は単身赴任先の和歌山県新宮市に戻った。その日もグッタリだった。計画停電が始まり、千葉市の海浜幕張駅から東京駅まで出るのに四時間もかかったからだ。しばらく、東北はいい、疲れた。あんな思うように動けないところはしばらく行きたくないという気分だった。

ところが、五月のゴールデンウイークに私は再び、東北に赴《おもむ》くことになる。

そのきっかけは、あるブログの言葉だった。

「家族は全員無事です。協力隊を終え、三五年前に体ひとつでの生活を、この町で始めました。当時、親戚・知人は皆無。疲れを知らぬ体だけを持っていました。すべての物を失ったいま、それでも私には心かよう仲間が大勢います。廃墟の町に立ち、三五年前に戻っただけのことなんだと自分を慰めています。援助物資、必要なものは何もありません。欲しいものもありません。大津波で犠牲になられた方々に、日本各地の空の下より、みなさんの合掌《がっしょう》をお願い申し上げます。吉里吉里《きりきり》の海は今日も穏やかです」

東日本大震災の被災地の一つ岩手県大槌町《おおつちちょう》吉里吉里に住む友人の言葉だった。友人の名は芳賀正彦《はがまさひこ》、六三歳。一九七二年に、青年海外協力隊員として一緒にエチオピアに行った仲間の一人だった。私はテレビ局のカメラマンとしてだったが、彼は天然痘撲滅作戦の車両整備の隊員だった。

天然痘撲滅作戦——当時、天然痘が残っていたのは世界でもエチオピアだけで、地球上から永遠に追い払ってしまおうという世界保健機関（ＷＨＯ）の計画だった。それに一役買おうと手を挙げたのが日本政府だった。日本の若者十数名でチームを組んだ。そのなかの一人が芳賀さんだったのだ。

彼の自宅は津波でほぼ全壊し、仕事も失い、避難所生活をしていた。文章は、われわれ協力隊の仲間にあてたメッセージだった。

苦しい避難所生活を強《し》いられているのに、「何も要らない」とは、どういうことか。私はその言葉の真意を確かめたくなったのだ。

私は、見舞いがてら五月の連休中に彼を訪ねることにした。会うのは三五年ぶりだった。

私は休暇を取り、和歌山県から彼のいる岩手県まで車で行くことにした。走行距離一一〇〇キロもあり、一八時間はかかるが、車がないと現地で動きが取れないと思ったからだ。

私が東北に行くことを噂で聞いた、やはりエチオピアの仲間が一人、東京から乗せてくれといってきた。彼の名は清水安高《しみずやすたか》（六八歳）。東京消防庁の元職員だが、退職し、時間はあるようだった。同じ天然痘撲滅作戦をやった仲間のことが気になるようだった。

東京で彼を拾って、一路東北へと向かった。首都高速のトンネルを抜けるとき、清水さんは、

「東京で地震が起きたら、こんなトンネルひとたまりもないぜ。東日本大震災なんてものじゃない。もうめちゃめちゃだと思う」

といった。元消防庁職員がいうのだから、確かだろう。それが現実だとしても、こんな暗いトンネルのなかで生き埋めになることは想像したくなかった。

エチオピア人にだまされた日本人

その夜は宇都宮市で泊まり、その翌朝再び高速自動車道に乗った。車の数も少なく、快適だった。東京では桜はすでに散っているというのに、山の緑のなかにときどき桜の花が色づいているのが見える。いい季節だと思った。助手席の清水さんが、苦い思い出話を語ってい

る。

「あのエチオピア人には、ひどい目に遭《あ》った。もう二度と面倒みたくないなあ」という。何年か前に、国際協力機構（ＪＩＣＡ）のエチオピア現地事務所のスタッフを、元協力隊員たちが金を出し合って日本に招待した件だ。

清水さんは、その世話役としてずっと彼を案内し、自分の家にも泊めたという。そこで清水さんが見たのは、彼のあまりにもずうずうしい態度だった。

彼は、エチオピアに関係したいろいろな人たちに紹介された。そのたびに「何か土産物《みやげもの》でも買いな」と小遣いなどをもらったが、当然それは日本円だ。それを「ドルに替えてくれる？」と清水さんに頼んだ。ドルに替えるのは、それを日本で使うためではなく、エチオピアに持って帰るためだ。われわれＯＢ・ＯＧたちは当然、招待する段階で小遣いも渡してある。ところが、それも使わず、もらった日本円もドルに替えて使わず、買いたい物があれば、全部清水さんたちに払わせたというのだ。

そのうえ、清水さんの自宅に泊まったとき家中を物色し、「これ欲しい」といろいろなものを持って帰ったという。そのあまりの厚かましさに、清水さんは怒っているのである。

私もその彼を招待する企画と無関係ではなかったが、悪い予感がしたので、お金だけ払って、あとは関知しなかった。

清水さんの話を聞いて、「やっぱりか」という気がした。私は、エチオピアに三年間暮らしたなかで、似た経験をたびたびしていたので、そのことは予想できた。ところが、日本の仲間から、「エチオピア人スタッフを日本に招待してやろうではないか」といわれれば、反対はできない。それが日本の空気だし、日本人の良さである。

しかし、どうしてエチオピアに暮らしたことのある協力隊員が、そろいもそろって彼のペースに巻き込まれたのだろうか。私は、清水さんに聞いてみた。

「エチオピアでだまされたり、そういう体験をしなかったの？」

「しないよ。田舎に住んでいたから、いい人たちばかりだったよ」

と答える。さらに、

「旅人を大切にしてくれたよ。最初なんか、びっくりしたな。民家に泊まったとき、その家の若い娘が足を洗ってくれ、その足に接吻《せっぷん》してくれたよ。習慣なんだろうけど照れくさかったなあ」

と表情を崩す。そんないい思い出を持っているものだから、次の瞬間、

「彼が日本に来て、イヤになった」

と溜め息をつく。

私は、首都に住んでいたので、清水さんの体験とはずいぶん違いがあるのだろう。それに

しても、隊員がエチオピア人を招待したのは善意であり、センチメンタリズムであり、貧しいエチオピア人を助けてあげたいという日本人の良さである。その心の隙をついて、相手は侵入してきたのである。その話は、日本人を考えるうえで示唆的だと思った。

ボランティアたちの目的は

福島県に入ると、制限速度が時速一〇〇キロから八〇キロになった。地震の影響で多少道路にでこぼこがあるのかもしれない。車の数は少し増えてきている気がする。連休を利用して被災地へボランティアが応援に駆けつけているせいかもしれない。私は清水さんに訊いた。

「清水さんは芳賀さんのことが気がかりだったんだろうけど、被災地に行く大勢のボランティアの人たちって、何の目的で行くのだと思う？」

清水さんは、困った風な顔をして、「変わったことがしたいんじゃないの」と答える。

連休中は、普段の三倍もボランティアが殺到しているらしい。ボランティアの受け入れを断った町もある。ボランティアはお金を払ってまで行くのだ。

「やっぱり現場を見たいのかなあ」と私。

「興味半分じゃないの」

「やっぱり、役に立ちたいのかなあ」

「日本人だったらそれはあるんじゃないの」

「外国人だって、それは同じでしょ」

「ところで、発展途上国だったら、援助の一割しか現場には届かないからね。現場力も育ちようがない」

「その点日本は、明治時代のリーダーたちがよかったからね」

「でも、彼らは下級武士だよ」

「だから、すごいんじゃない。下級武士なのにしっかり武士道精神が行き届いている」

そこまで話したとき、われわれは休憩所に入った。清水さんは体調が悪いらしく、やたらとトイレに行きたがっていたのだ。

休憩所にコンビニがあり、その横に簡易トイレがあった。この辺はきっと地震の被害があったに違いない。自衛隊のトラックもある。何となく殺伐《さつばつ》とした風景だ。コンビニに入ると、床にテープが貼られていた。ヒビが入っているのだ。もう一つ東京のコンビニとは違っていることがあった。ミネラルウオーターがいっぱい陳列してあること。被災地だから優先的に置かれているに違いない。

再び、車を走らせると、ラジオから地震の情報が入ってきた。「震度一でした……福島からお伝えしています」という。まだ、余震が続いているのだ。

花巻インターを下り、国道に入った。ひんやりしている。さすがに東北だ。スーパーマーケットで芳賀さんへの土産にたばこを買おうとすると、一人二箱までしか売ってくれない。被災地に近づいたせいで、物が不足しているのだ。

道路の両脇は、大自然が広がる。われわれは岩手県の遠野《とおの》市を目指していた。さすが、『遠野物語』で有名な土地柄だと思った。神秘的な雰囲気が漂っている。

その夜、遠野市に泊まった。宇都宮市から八時間かかったことになる。

陸の孤島の防災会リーダー

その翌朝、遠野市から釜石市を通って、芳賀さんのいる大槌町吉里吉里地区に向かう。釜石に入ると、それまでとはうって変わった異様な風景。完全に被災地に入ったという印象だ。あまりの惨状に声も出ない。

これまでいくつもの戦場を見てきたが、この廃墟と化した街は通常兵器ではなく、まるで核兵器でも使われたような様相を呈していた。助手席の清水さんもただ「あー、あー」とうなり声をあげながら、コンパクトカメラのシャッターを切っている。

「ついに来たか」と私は実感した。ただ戦慄《せんりつ》するだけで、風景に負けそうになる。しっかり見ないといけない。私は自分に言い聞かせた。

　芳賀さんのいるところはすぐに分かった。町の国道沿いの体育館。そこが吉里吉里地区の避難所だった。車を止め、携帯で芳賀さんを呼ぶと、芳賀さんはすぐに体育館から出てきた。

「よう、久しぶり」と声をかけると、「よく来てくれたね」と満面の笑みで迎えてくれた。二人とも容姿に三五年の月日をきざんではいたが、心は昔のままだった。しばらく懐かしんだあと、避難所に入った。

　そこはテレビで見た情景と同じ、体育館のフロアーいっぱいに被災者たちが家族単位で、それぞれのスペースを確保していた。全体的に狭いのか、ステージの上まで被災者で埋まっていた。

　受付で、芳賀さんがスタッフを紹介してくれる。ちょうど昼ご飯前で、ボランティアの合図で被災者たちは立ち上がり、ラジオ体操を始めた。違う避難所なのだろうが、これもテレビで見たことのある風景だった。

　体操が終わると、昼食を受け取るために人々は並んだ。これももちろん見慣れた風景。しかし、人間のぬくもりや匂い、立体感を持ってそこにあるという現実感は、テレビとはまったく異質のもののような気がした。写真と現物の違いといったら分かりやすいだろうか。自

岩手県釜石市。商店街もガレキの山だった

分の立ち振る舞いはすべて相手に伝わるのだという実感は、私にある種の緊張感を与えた。もう傍観者ではないのだ。

被災者らが昼食を食べている間、私は持参した弁当をおなかに詰めた。清水さんは芳賀さんに挨拶し、彼の壊れた家を見て引き揚げていった。年を取って、こういう風景を見ていると、予想以上に疲れるようだ。

芳賀さんは、次から次に訪ねてくる来訪者に挨拶したり、スタッフからの要請で動いたり、忙しく立ち回っている。来訪者は、私と同じような報道関係者だったり、他府県の自治体の人だったり、ボランティア団体の人だったりする。

ボランティア団体も全国から来ているよ

うで、医療機関、弁護士会、音楽家、足湯をサービスする団体とさまざま。避難所の災害対策副委員長をやっている芳賀さんは、それぞれの要望や内容を聞き、「では、いつ来てください」と振り分けるのだ。

こんなに、いろいろな人たちがやってくるのかと驚いた。それでも私は、まず芳賀さんの話を聞かねばならない。

芳賀さんも、遠来の客を気遣って時間を作ってくれた。避難所内でのインタビューとなった。私が「忙しそうだね」と口火を切ると、

「いまはまだましになったよ。最初はこんなもんじゃなかった。津波があっても、自分の家の状況を見に行く間もなかった。一週間ぐらいしてやっと自分の家を見に行くことができた。二週間ぐらい過ぎたときだったかな。毎日ひざが痛むんだよ。原因はストレスで、ここに来る医者に薬をもらって何とか凌いだ」

という。

「なぜ、芳賀さんばかり働いているの？」

「地震が起きたときは、自主防災会のリーダーをやっていたからね」

「もう長いの、その役？」

「自主防災の組織は四、五年前にできたばかりだけど、それからずっとリーダーをやってい

る。その前は町内会の会長をやっていた。それは、後継者が七、八年前にできたので辞めたけど」

聞けば、大槌町の役場は壊滅状態。町長以下、課長クラスのリーダーの人たちが六、七人亡くなった。一週間ぐらいは町ともいっさい連絡がつかない状態が続いた。携帯も通じない。電気も不通、水道ももちろん使えない。吉里吉里は陸の孤島のようだった。だから、この地区の人たちは自分たちで立ち上がるしかなかったようだ。

記録によれば、大槌町は人口一万五〇〇〇人のうち一七〇〇人以上が死亡あるいは行方不明。二五〇〇人が住む吉里吉里では八十数人が死亡あるいは行方不明になっているという。

訪問客の応対に忙しい芳賀さん

芳賀さん自身は、地震が起きたときはどんな状況にあったのだろうか――。

芳賀さんは、三月一一日の地震が起きたとき、自宅の二階で奥さんと一緒にテレビを見ていた。寒い日だったからストーブもつけていたという。

「とにかく、とてつもない地震だった。だから、いつもだったら逃げる準備とかするんだけど、大きなテーブルの下に二人とも潜って、揺れが収まるまで待った」

揺れが落ち着いたときに、奥さんは身一つで保育園に飛んでいった。同居している娘さんが吉里吉里保育園に勤務していたからだ。保育園は、芳賀さんの自宅よりずっと低いところにあったから、心配だったのだ。

芳賀さん自身は、まずストーブを消し、プロパンガスの栓を閉め、ブレーカーを落とした。それから、重要書類を探し出し、避難場所の小学校に向かった。その間わずか五分ぐらいだったが、小学校に向かう途中、犬を納屋につないでいることを思い出した。そのとき、北のほうで「波が来たぞー」という声が聞こえた。どうすべきか迷ったが、芳賀さんは走って家に戻り、犬を連れ出した。危機一髪だった。

芳賀さんが小学校の校庭に着くと、すぐに奥さんと娘さん、それに園児たちも一緒にやってきた。芳賀さんはホッとしたが、すぐに「おい、津波だ」「津波だぞー」という周囲の声が響くなか、高台にある校庭から、町が津波に襲われるのを見ることになる。第一波が来て、そのあと、第二波が来る。途中で大きな余震が繰り返し来た。学校のグラウンドに大きな亀裂《きれつ》が走った。それを避けながらも津波を見ていた。

役場周辺は壊滅状態だった

第一波で、国道沿いの海岸近くの家が、海岸に平行に左横に流された。第二波が最も大きな津波だった。第二波は押し寄せてきて、校庭の避難場所のすぐ真下まで来た。その引き波は、草木も家もすべてを持ち去った。その波は芳賀さんの家のほうまでずっと流れていったが、自宅が壊れたかどうかの判別がつかなかった。というのは、周辺にガレキが山となって動かなくなり、家まで見通せなかったのだ。

芳賀さんは、そんな光景を目《ま》の当たりにし、ただ呆然《ぼうぜん》としていた。ああ、津波はこういう風に来るんだという冷静な分析というよりも、ただ気が抜けたように見つめるだけ。頭のなかはほとんど思考停止状態に近かった。周囲には、写真を撮っている人たちもいたが、芳賀さんは、そういう行為も思いつかず、ただ見つめるだけだった。

それから一週間後に、自宅の様子を見に行った。屋根と四本柱を残し、壊滅状態。そのあたり一帯は、一階の天井まで水が押し寄せたようだった。同じ頃、宮古市の海岸沿いに住む長女が無事だったことを知る。

驚くべき住民自治の精神

人口約二五〇〇人の吉里吉里は驚くべき住民自治の精神を持った地域であることが分かった。いまは亡き作家井上ひさしが『吉里吉里人』という小説に書いたほどだ。

小説は、東北地方の一寒村が日本政府に愛想《あいそ》を尽かし、突如「吉里吉里国」を名乗り独立を宣言、それに反発する日本政府との攻防を描く。それに主人公の三文小説家が巻き込まれるといったもので、いかに同地区が独立の気概を持っているかということなのだ。

避難所には、行政の担当者は一人もいなかった。すべて地元の人たちだけで運営している。それは、震災当日から始まっていたという。

震災のあったその夕方、男たちは校庭にガレキを集めて、大きな焚き火《たび》をした。地元の漁師も帰ってきていたから、だれともなく角材やガレキを集めて火を焚いたのだ。漁師たちにとってみれば、寒い時期に海岸に打ち上げられた木々を拾って焚き火をするという行為は日常のことだった。

　炎を囲みながら、男たちは「このままではいかんな。何とかするべ」「町役場さ連絡つかんし、この町だけでんも当面の災害復旧の仕事を始めるべ」という声を上げた。小学校の校長先生が「この教室を使っていい」と一年一組の教室を開けてくれた。その教室で対策本部を立ち上げることにした。

　メンバー構成を割り振って組織を作り始めた。本部長は人望も体力もある漁師のベテラン。副本部長を八人選んだ。吉里吉里地区は一丁目から四丁目まであって、各丁目に町内会組織がある。あとは、三つの自主防災会があった。そこの町内会長が副本部長になった。そのほかに、吉里吉里小学校の校長先生と消防分団の分団長、地域のリーダー的な人が副本部長になった。

　同地区では、各町内会が集まって一つの運動会や夏祭りの運営をみんなで協力して行っている。リーダーになる人たちは日頃から酒を酌《く》み交わしたりして付き合いがあった。だから、人選でもめることもなく、スムーズにいった。

　さて、何から始めるかが問題だった。まず必要なことは、道路を通れるようにすること。避難所には、津波の被害を免れた高台に住む人たちもいた。その人たちのなかには、土木関係の仕事をしている人や造園業者の人たちがいて、「使っていいよ」とブルドーザーやショベルカーなどの重機四台を提供してくれた。

コンビニの店主は、商品をガレキのなかから拾い出し、すべて皆のために提供した。おかげで、震災のあった夜もパンなどを口に入れることができた。また、米屋さんが倉庫にあった米を大量に差し出してくれたので、その翌日から避難者たちも温かい食事を口にすることができたという。

だれが指示したのでもなく、自然発生的に協力し合った。未曾有《みぞう》の災害だということはみんな分かっていた。必要だから生まれた助け合い精神だった。

地震当日の夕方、暗くなる前には、運送関係の仕事をしている人が二台のマイクロバスを持ってきてくれた。そのバスには発電機があった。そこで一晩中エンジンをかけながら、避難場所までコードを引いて、裸電球の照明をつけた。携帯電話の充電器を一〇個ぐらい一ヵ所に集め、充電コーナーも作った。また避難所の暖房のためのバーナーを動かすにも電気は必要だった。たこ足配線をしてブレーカーが何度も落ちたが、ここまでは使えるというだいたいの容量は分かってきた。

その夜、老人や子どもたちは体育館やお寺で寝た。男たちは小学校の校庭の焚き火を囲み、一晩中動いたり、話し合ったりしていた。

その次の日、重機で吉里吉里小学校から国道までを片づけた。一台の重機の周りに男たち

四、五人がつき、ガレキを除《の》けた。別の重機のグループは、吉里吉里中学校下の高台にある野球・サッカー用グラウンドのガレキを撤去してヘリポートを作った。けが人や病人のために、ヘリコプターを呼びたかったからだ。

グラウンドに白い石灰で丸い大きな円を描いて、中に「H」と書いた。訓練をしていたわけではなかったが、自然にできた。二日後には完成し、自衛隊が来た。空母から米軍のヘリも飛んできた。「必要なものはないか」と問われ、真っ先に食料などの物資を頼んだ。遺体の捜索や搬送にもヘリポートが使われた。ヘリポートへつながる道路もすぐに通れるようになった。

吉里吉里の避難所

三日も過ぎると、国道も通れるようになり、釜石、大槌、山田、宮古まで行けるようになった。

ツイッターも大活躍した。津波の次の日、ネット関係に詳しい青年が、「机だけ貸してほしい」とツイッターを始めたのだ。被災者が必要なもので、援助物資にないものもあった。それをツイッターで発信すると、小包で送ってくれる人がいる。たとえばパソコンのプリンター、インクジェット、コピー用紙、それに雑誌や化粧品、爪切り、綿棒、ブラシ、櫛《くし》、リヤカーなどがそうだ。

最初は、携帯電話を使っていたが、そのうち、パソコンを送ってくれる人がいたり、無線インターネット環境を提供するという人も見つかり、すっかり便利になったという。

また、吉里吉里中学校の野球部の生徒たちが、大人顔負けの仕事をした。自衛隊によって避難所に運び込まれた援助物資を、体育館のなかで仕分けしなければならない。食品など、種類ごとに分類し、避難所の人数と在宅の避難者を把握して、人数分にそれぞれ分ける。そのほか、ガレキの後片づけ。薪《まき》を拾い集めてくるのも彼らがやった。

大車輪でやった。なかには、肉親を失った生徒もいたという。

住民の団結力が強い理由

しかし、なぜこの地区は住民の団結力が強いのか。その理由を芳賀さんは次のように説明した。

「自分はここに来て三五年。最初はよく分からなかったけど、いまはこう思う。終戦後、都会や中央からいろんな高度成長の波が押し寄せたが、それらの恩恵にあずかったのは大槌町

津波で破壊され尽くした吉里吉里

の中心部にいる人たちであって、中心から外《はず》れた吉里吉里の人たちには、どうしても遅れてしまう。だから、ここの人たちは、町の人たちに任せるのではなく、自分たちの地域は自分たちでよくするしかない。そういう考え方で来たんではないかという気がする。いま七〇〜八〇歳の人たちが若い頃から、そういう意識がしっかりとあり、自然に俺らの年代に受け継がれたのではないか」

また、被災者の一人で、新聞販売店の元店主芳賀広喜《はがひろき》さん（六三歳、友人の親戚ではない。当地では芳賀姓が多い）は「大槌町中心部から峠を隔《へだ》てているので、昔から何でも自分たちでやるんですよ」と説明しながら、当地に伝わる「吉里吉里善兵衛《ぜんべえ》」の話を教えてくれた。

善兵衛は江戸時代以前に海運業を始め、南部《なんぶ》藩領で財を成した企業家。当時ブランドだった干しアワビを中国へ輸出していた。彼は大凶作や津波のとき、私財（当時のお金で七〇〇〇両）を擲《なげう》って被災者を助け、雇用したという。その善兵衛の心はいまも吉里吉里に残っているというのだ。また、善兵衛は寺社仏閣も大切にし、吉里吉里のお寺の基礎を作ったともいわれている。

私は、その夜、避難所に泊めてもらった。消灯は午後九時。約一二〇人の避難者がいるというが、予想外に静かだった。そんなに大きないびきをかく人もいない。みんなお互いに気を遣っているのかもしれない。私は眠れないだろうと覚悟をしていたが、意外によく眠れた。難をいえば、朝早く起きる人が結構いることだ。午前四時ごろになると、起き上がってトイレに行く人がいる。高齢者が多いから仕方ないのかもしれないが、早く起きて、仕事に出かける人もいるという。

私は、しばらくうつらうつらしていたが、六時には起き上がった。体育館の外に出てみると、人々が焚き火を囲んでいた。早朝はまだ寒いので確かに火が恋しくなる。その風景を見ながら、私は前日芳賀さんから聞いた、地震のあった当日の話を思い出していた。こうやって、あの日もみんな火を囲んでいたに違いない。

私もその輪のなかに入って体を温めていると、「ほれ、食べな」と焼いた魚の切り身が差

避難所を出ると焚き火を囲む人たちが

し出された。火の上であぶった魚だった。口に入れてみると、新鮮さと塩加減が絶妙。うまみが口のなかに広がった。

「な、美味しいだろ」と隣の男性が問う。「うまい！」と思わず答えると、「な、こうなると酒が欲しくなるだろ」とだれかがいって、みんなの笑いを誘った。

いいムードだと思った。自分たちの状況を卑下《ひげ》するわけでも、悲しむわけでもない。まったく自然体なのだ。ひと言でいえば温かい。この魚だって、船が流されなかった漁師が捕まえてきて、みんなに振る舞っている。自分だけのものにしようとは思っていないのだ。

午前七時には、ほとんどの避難者は起き上がり、朝の身支度《みじたく》を始める。みんなの食事の用意をする人もいれば、体育館のなかの空いたスペースを掃除する主婦らもいる。自ら率先してやっているという。

私の隣に寝ていた七〇歳近い女性、阿部君代《あべきみよ》さんは、「朝起きたら、近くに顔見知りの人たちがいて、声をかけ合うと気がまぎれます。二ヵ月近くになりますが、泥棒やけんかはまったくありません」という。ここの人たちの団結力はすごいなと思った。役員らは、避難所だけでなく、自宅にいる被災者に物資を届けることまでやっている。

なぜ救援物資は要らないのか

私はここで芳賀さんに、どうして「何も要らない」という心境になったのか訊いた。彼は、「欲しい物があれば、救援物資として翌日には届けてもらえる。金は、本当は喉から手が出るほど欲しいよ。でも、お金っていうのは、額に汗かいて自分で稼ぐもんだという根本的な信念を持っているから。長い歳月かかろうとも、自分で汗水たらして稼いで、自分でお金はつかみたい。それをやる自信はあるから。気持ちだけは二〇〇パーセントあるから」という。

私は、その信念は、どこから来たのか訊いた。芳賀さんは、「モノとかお金は自分で働いて稼ぐもの。そう両親に教えられた」という。

吉里吉里地区の復旧に励む自衛隊員

そして、彼は、老後のための貯金を使い、すでに家の建て直しに着手している。「一人でも早く避難所を出れば、スペースが取れる。真っ先に自立し、みんなを引っ張っていきたい。いざとなれば、金を貸してくれるぐらいの仲間はいるさ」と笑う。

彼は、「自分は避難所から出るけど、毎朝同じ時間に避難所に顔を出す。災害対策副委員長というポジションがなくなっても、避難者がゼロになるまで、俺は通い続ける。たとえ仮設住宅ができても、必ず入れない人がいる。その人たちの元気な顔を見に来る」という。

すごい責任感である。彼がそう決心するに至ったのは、災害の直後だった。

震災後すぐに神奈川県警と自衛隊が来た。

凍《い》てつく寒さのなか、若い二〇代の人たちが、軍手をびっしょりにして、何日も何日も救援活動をしている姿を見て、「有事のとき、彼らは最前線で命をなくすのだ」と思ったら、涙が止まらなかったそうだ。

芳賀さんのような人間がいるから、これまでも日本は危機を乗り越えられてきたのだと思った。

芳賀さんが、無私、無欲でリーダーシップを取れるようになった理由はどこにあるのだろう。少し、芳賀さんの育った環境を覗《のぞ》いてみる。

芳賀さんは、福岡県前原《まえばる》市（現・糸島市）の漁師の家に生まれた。五人兄弟の末っ子で、内気で尻込みするような子どもだったという。小学校高学年の頃からイカ釣り漁船などに乗せられ手伝わされたが、あまり好きではなかった。船酔いしたからだ。三〇分ぐらい乗ると、動けなくなるぐらい船酔いした。

あまり強い子ではなかったようだが、野山でよく遊んだ。夏場はアワビ、サザエを潜って捕ったり、魚を銛《もり》で突いたりした。冬は裏の山で鳥もちを使ってメジロを捕まえて、飼ったりしていた。秋は遊ぶというよりも、収穫の季節だったのでよく手伝わされた。

家は貧しく、主食はサツマイモ。めざしとサツマイモだけの食事だったりした。年に一度、年末に鶏の肉の入った鍋を家族で囲むのがいちばんのごちそうだったという。クラブ活動は、中学では相撲、高校では柔道をやった。

中学を卒業し、母親の知人の紹介で自動車の修理の丁稚奉公《でっちぼうこう》に出た。車が好きだったわけではなかったが、当時は選べるほど仕事はなかった。家業の漁業は兄が継いだから、自分は親のいう通りに生きるしかなかった。

まだマイカーという言葉もない時代で、車は商売で必要な人しか持っていなかった。アクセル、ペダル、ドライバーという言葉も分からなかった。修理工場に入った当初、「スパナよこせ」という先輩に、分からないから間違えて渡すと、「違う」と工具が顔に飛んできたりした。そんな時代だった。

そして定時制高校に通い始めた。芳賀さんは、「あの頃は、きついとか辛《つら》いとかというよりも、面白かった」と思い出す。

高校を卒業後、久留米工業大学（短大）に、働きながら二年間通った。「その頃から、外国のことを知りたい、行ってみたいという気持ちが芽生えた」と話す。

貧乏学生だったから、夜の街に飲みに行くということもなかった。母親は厳しくて、勉強しろ、勉強しろとよくいわれた。両親は実直に生きていた。両親の「金は、汗水たらして自分で稼ぐものだよ」という言葉が耳に残った。

二四歳で青年海外協力隊に参加した。何かの用事で市役所を訪れたとき、協力隊のポスターを見たのがきっかけだった。すぐに応募し合格した。三ヵ月の訓練生活で大きなモノを得たという。

そこでさまざまな分野の若者と出会った。それが自信になった。そして、エチオピアに派遣され、最初は、エチオピア人を好きになれなかったが、言葉を覚えるにつれて、人種は違えど彼らも同じ人間だと思えるようになってきた。それ以後、芳賀さんは自分のやり方でいいのだと確信し、細かいことで悩まなくなった。その後、パプア・ニューギニアに出稼ぎに行ったり、東北の見知らぬ町、吉里吉里に住むようになっても、それは変わらなかった。

吉里吉里で名前を変えたわけ

彼は自然の残る吉里吉里が気に入り、どうせここに住むなら、名前を当地の名にしようと、奥さんの姓に変えた。最初は、「旅の人」「九州の人」「光子先生（奥さん）の旦那さん」といわれていたが、一〇年、二〇年と過ぎるにつれ、「正彦さん」と呼ばれるようになっていった。いまでは、だれも芳賀さんを他所《よそ》の人とは思わなくなっている。それどころか、ＰＴＡの会長や町内会長などもやり、町の世話役の一人となっているのだ。

彼は、吉里吉里に住み、地域社会に溶け込むようになったが、一つだけ守ったことがある。それは自分が正しいと思った信念を曲げないことだ。

すっかり地元に溶け込んだ芳賀さん

どこの社会にもいろいろな人がいる。地元のボスがいたり、親戚のリーダーがいたりする。吉里吉里もしかりで、その人たちがお祭りや運動会を仕切り、牛耳《ぎゅうじ》った。しかし、芳賀さんは、たとえ相手が長老だろうが親分だろうが、おかしなことには徹底的に刃向かった。自分が思ったことを曲げることは一度もなかった。すると、そういう人たちは一年も二年も口をきいてくれなかったりする。しかし、名もない人、ものいわぬ人たちが共感してくれた。それが長い意味で信頼感につながった。

彼をそこまでたくましくしたのは、子どもの頃の貧乏だ。それが彼を鍛《きた》えたのだろう。そして、芳賀さんの無私、無欲を育てたのは、もちろん資質もあるが、両親の実直さだろう。もう一つあるとすれば、自動車修理の丁稚奉公かもしれない。

日本の精神文化を表すものに武士道があるが、さらに職人気質というものがある。現在、日本は技術立国として世界に冠たるものがあるが、そのベースは職人気質なのだ。

日本の職人にはしばしば強い美意識が見られる。彼らは、金だけのための仕事を拒否したりする。彼らは自分のプライドのために仕事をするのだ。だから、手を抜かないし、見事な腕前を発揮する。自動車の修理工も職人の世界だ。芳賀さんは、そこで美意識をたたき込まれたに違いない。

なぜ被災者たちは賞賛されたのか

そして、最後に芳賀さんを飛躍させたのはアフリカ体験である。

彼は協力隊体験を、「九州の片田舎からやってきた自分が、全国から集まった見ず知らずの若者たちに出会って、親兄弟に等しいようなつながりを築くことができた。それはやっぱり自信につながった」という。「だから、どこでも知らない人たちのなかに入っていける。エチオピアではいろいろな体験をし、こんなアフリカの奥地で生きていけたのだから、もうどこでも生きていけると思った」と語っている。

芳賀さんのブログの言葉の謎は解けた。だが私にはもう一つ疑問が残っていた。それは、

食事の列にも整然と並ぶ被災者たち

「どうして日本の被災者は、外国から称賛されるほど秩序を保てるのか」ということ。

阪神・淡路大震災のときもそうだったが、確かに、日本の被災地では略奪や窃盗《せっとう》は少ない。避難所での態度は静かだし、炊き出しなどにも従順に列を作って整然と待っている。

福島第一原発の処理に対応する自衛隊員や消防隊員らの活躍は、海外から「サムライ」と褒めそやされた。もちろん武士道の影響もあるだろう。また礼節を重んじる儒教の影響もあるかもしれない。だが、ベースには農耕文化が色濃く反映しているように思う。

実はそのことは、吉里吉里に来て思った。日本人の秩序を保つ結束力は、こうした地方の奥地から培《つちか》われてきたのだと思う。奥地へ行けば行くほど、生活のなかに農耕の占める割合は高くなる。田植えをするのも稲刈りをするのも、田んぼに水を引くのも、すべて一人ではできない共同作業だ。抜け駆けはできない。他人を思いやる心がなくては、その社会では生きていけない。

漁業も同じだ。日本の漁業は、小説『老人と海』や『白鯨』で描かれるような個の世界とは違う。巻き網漁やクジラの追い込み漁のように、何隻もの船が一緒に漁をするケースが多く、市場も水産加工場との連携が強い。そうした共同作業の精神は、サラリーマン社会にも根づいている。

避難所での二日目の夜、静まり返った体育館のなかで、私はそんなことを考えながら眠りについた。

第三章　被災者たちが体験したこと

若い人がますます地元を好きに

三日目、私は吉里吉里の避難所で時間があるだけ、被災者の話を聞いた。

主婦、阿部君代さん（六八歳、以下年齢はすべて当時）

〈地震が起こったときは、役場の前を歩いていました。周囲の人に、「津波だ。上がれ、上がれ」といわれて、避難所の小学校に向かいました。自分の家に戻りたかったが、もう遅かったです。主人（七〇歳）と娘（三四歳）のことが心配だったのですが、その夜、避難所で主人と会えました。しかし、二ヵ月経っても、娘の消息はつかめません。

娘は結婚して七年。子どもはいないが、たまたま遊びに来ていました。義理の息子であるその旦那が可哀想です。妻のほかに両親も亡くしているので。職場は理解があるから、休みを取って、遺体を探しています。日が経ってきたので焦《あせ》りが出ています。

主人はサケ、マスを捕る漁師だけど、家も船も全部流されました。年金暮らしだけど、家がないですからねえ。仮設だって二年だから、歳も歳だからどこまで頑張れるか。そこを考えると不安ですね。

赤浜のほうでは津波が来る二、三日前に、タラなんかが海の上でたくさん死んでいたそう

ですよ。それから津波が来た。やっぱりいろんなことがあるねと、近所の人たちと話をしていたんですよ〉

仕出し店経営、男性（六二歳）

〈地震のとき、私は二階で仕事の準備をしていた。家内（六二歳）は下の厨房《ちゅうぼう》にいて、ストーブを消して、とりあえず逃げろと。私は戸締まりして、高台の保育園に自家用車ですぐ上がった。三時過ぎてたけどね。上から見てたよ。まず店が流されるし。アー、流れてく、流れてく、って感じだよ。

この辺は、まず地震があったら、津波だと頭にたたき込まれている。だから、真っ先に高いところに行くという意識はあった。低いところにある保育園は、子どもたちを逃がすのが早かったね。あれが、子どもが帰ったあとだったら、どうだろうね。三時半とか四時だったら、のまれていたかもね。運、不運は分からないね。

私は気仙沼《けせんぬま》で会社勤めしていたが、定年で家内がやっていた仕出し屋を手伝っていた。しかし、仕出し屋も流されたもんな。いつかは自立しなければいけないけど、頑張っても七〇歳までだもんな。

ここ避難所の暮らしは、まだ三日目。小さい部落だから、顔見知りが多いからね。漁業の従事者が多いな。

まあ、団結しやすいちょうどいい小さな部落だね。

夜いびきをかく人がいないのに、びっくりした。遠慮してんのかなと思うくらい。早く寝ないと、いびきで眠れなくなると思っていたのに、朝まで静かなんだもの〉

——テレビでの震災関連の番組についてどう思いますか？

〈やっぱり取り上げてもらうのはいい。見てもらっているということだし、ありがたい。最初、着の身着のままだからね。報道されたら、関心を持ってもらえるから、物資が来るという意識はあるよ。

料理は美味しくいただいているよ。三度食べさせてもらってるんだもの、贅沢《ぜいたく》はいえないよ。温かいご飯を食べさせてもらえる。コーヒーもお茶も飲ませてもらえるし。仮設ができれば、自分で自分の生活をやらなければならない。買い物だって、車がないと三〇分かかるよ。バスで買いに行かないと。遅かれ早かれ、そういう生活が始まるんだから〉

ワカメ、ホタテ、カキの養殖をやっていた漁師（七六歳）

〈あと一週間でワカメの収穫だったんですよ。育てるのに一年かかるからね。四月の初めに種をつけて、また九月につるして、三月二〇日から採るつもりだった。ワカメは寒いほうがいい。北海道は昆布だけど、三陸のワカメはピカイチ。リアス式海岸ではなく、沖で作るからなおいいものが採れる。

みんなが支えてくれるからいいよ。養殖は昔からの共同作業、結束が強い。一人ではできない。でも、津波でこの辺一帯、壊滅状態。二五パーセントは残り、七五パーセントはやめるだろうね〉

元新聞販売業、芳賀広喜さん（六三歳・前出）
〈家を流されたが、家族は無事だった。古い大きな家だった。家をなくした被災者への支援は、政府の基本は一律一〇〇万円で、新築するときは二〇〇万円。それと災害地震保険で建て直すかもしれない。女房の話では、地震保険をかけているが、最高額でも五〇パーセントしか出ないらしい。
いまは、四〇年前に社会に出たときの気分で頑張るしかない。スタッフにも同じ年代が四、五人いるが、皆同じ気持ちだね。お互い励まし合って、お互いに刺激されている。強がりもあるかもしれないが、昔に戻ったような気がする。実は先日、アンケート調査に、震災前が一〇〇パーセントとしたら、いまは、不謹慎ですけど一二〇パーセントから一三〇パーセントと、震災前よりもやる気が出ていると答えた。前に進むという意識で、気持ちだけを考えれば、若くなっている。

ノイローゼの人はいない。親戚、友人関係が残っているから声をかけ合っている。気持ちは共通しているから、それが明るく振る舞える理由なのかも。もう一つ考えられるのは、幼児や小中学生の犠牲者がゼロ、両親とも失ったという子どもがゼロなのもその理由かもしれない。

それから、若い人が年配の人の話をよく聞くようになり、両方のコミュニケーションが深まっている。若い人が、ますます地元を好きになっている。いまの若い子もまんざらでもないと感心している〉

町ごとにある自治会がリードして

自営業、男性（四六歳）
〈震災前は、父と一緒に損害保険の代理店をやっていましたが、空いた時間に町内のお年寄り向けにパソコン教室を週に二回やっていたんです。津波のあった日は、パソコン教室の最中でした。
教室は午前一〇時から午後三時まで、お昼の時間をはさんで四時間。午後二時四六分にすごい揺れが来て、三時を待たずに、これはもうダメだから帰ろうという話になりました。皆急いで帰りました。

私が家に着いたら、母親が「先に逃げるから」といって出ていくところでした。二階に上がったら、第一波が来ているのが見えました。家はちょうど坂の途中にあって、納屋の部分は約三メートル低い。そこから入った波があふれ出ていました。

「ああ、これぐらいの津波が来たのは初めてだな」と思いながら、二階の障子《しょうじ》を閉めました。部屋のなかを片づけることにしました。地震の揺れでステレオなどが落ちていて、もうちょっと収まってから直そうかなと迷ったりしていました。

もう一度障子を開けて見たら、第二波が来ていた。家の近くに波しぶきが上がり、住宅が波で流されているのが見えました。「嘘だろう、嘘だろう」。まるで映画でした。

家の一階部分にはもう波が入っていました。これはただごとではないと思い、一階に下りて一目散に山に向かって逃げました。

路地の向こうにガレキを含んだ津波が見えました。小学校の校庭に逃げましたが、波を見て、小学校でも危ないと思ったので、線路のほうに上がった。波は小学校の真下の家にまで来ていました。

障子を開けるのが一〇秒遅れたら、のみ込まれていたと思います。津波が引いてから見に行くと、家は三〇〇メートル流されていました〉

保育士、女性（四〇代）

〈家も車もなくなりましたが、家族は全員無事でした。一緒に住んでいるのは母親と小学三年生の息子。本当はがまんしたいのだけど、車を購入したほうがいいかなと思っています。仮設住宅に行ったとしても、母親の腰が曲がった状態で、年々介護が必要になる状況なので、いざというときに病院に連れていかなければなりません。まだ子育ての途中なので、お金は教育のほうへと思っているのですが……。

子どもが未来に向かってみんなと同じような教育を受けられる環境がいちばんの望みですね。いまは、避難所の仮のテーブルで勉強していますが、夜ほんの一時間ぐらいしかできません。静かに勉強したり、本を読んだりする環境が欲しいですね。

子どもは三人います。一九歳と一五歳と八歳。

上は大学一年生で仙台にいますが、仙台でも大きな地震があり、しばらくは連絡が途絶えました。一ヵ月後に、従兄弟《いとこ》を通じてやっと連絡が取れ、無事だったので安心しました。二番目は盛岡の高校にいます。

自宅のあった場所で父の位牌《いはい》を探したのですが、見つかりません。次の日も探そうかと思ったのですが、周りの家のガレキやゴミを捨てる場所のようになったので探すことができな

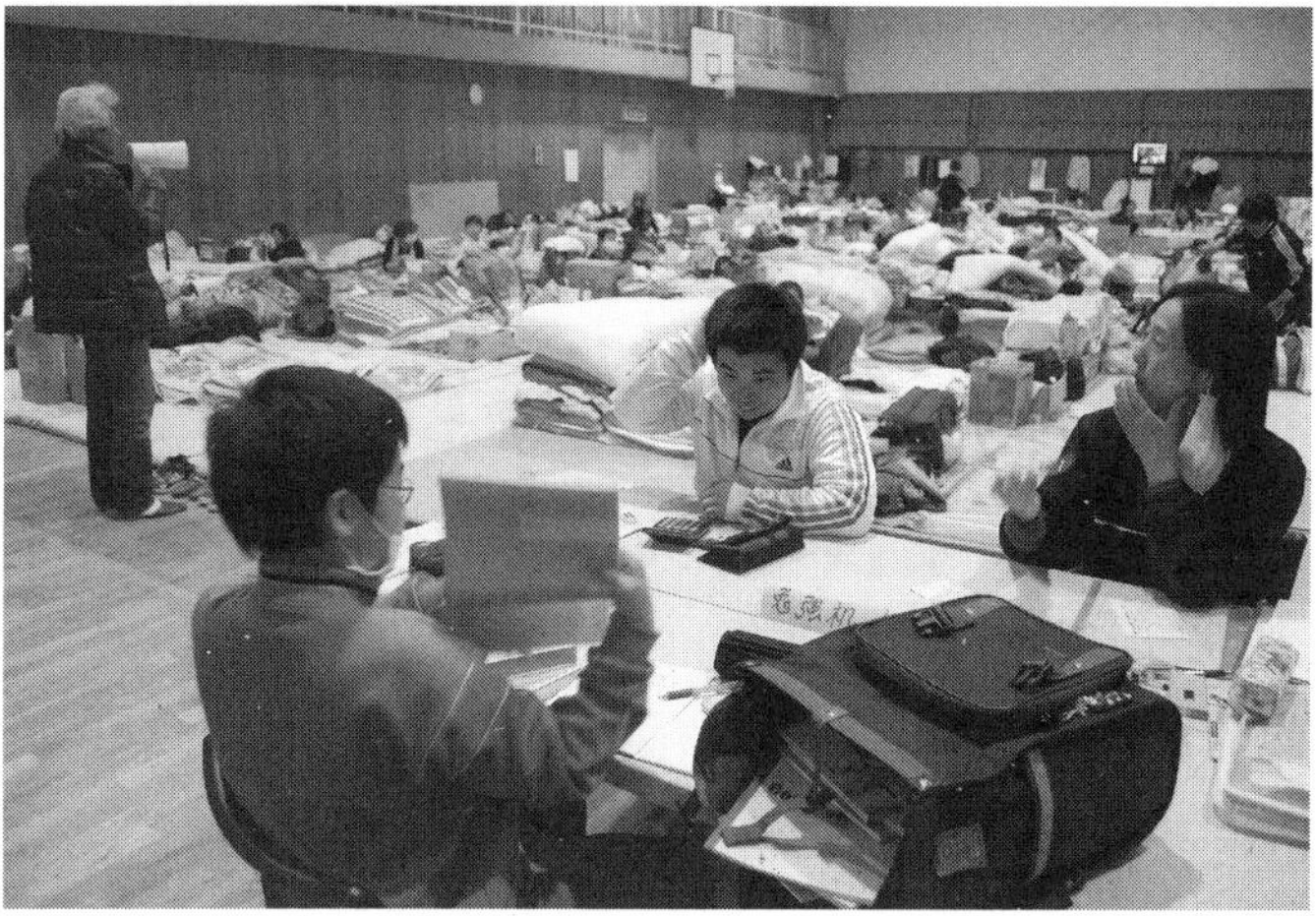

避難所には勉強机が一つしかない

くなりました〉

——避難所の居心地は？

〈ここの前は吉祥寺《きちじょうじ》にいましたが、広さはここの三分の二ぐらいのスペース。最初は一〇〇人ぐらいでしたが、五〇人、三〇人と減りました。寺ではご飯を作る部屋もしっかりとあったので助かりました〉

——震災から二ヵ月ですけど、こういう生活はきついですか？

〈私個人は何が一番きついかというと、空間ですね。静かな一人の空間が欲しいですね。最初は仕切りができる予定だったんですけど、人数が多いので、それはできなくなりました。常に音がして、常にだれかが話してるというのはちょっと……。

でも、みんな親戚のような感じです。ここ

の人たちはユーモアがあります。歌ったり踊ったり、芸達者な人が多い。常に腹をかかえて笑っているような状態。小さい町で、丁目ごとにある町内会がしっかりリードしてくれています。

ただ、町長や町の職員がたくさん亡くなられて、役場の機能が遅くなっています〉

――金銭的なことではお困りですか？

〈母子家庭ですので、子どもたちにかかるお金は大変です。保育園が再開できるめどが立てば働く場もできるのですが、先のことを考えれば不安になります。自分自身も乳ガンを切除してまだ日が浅いので、体を疲れさせないようにしています。家族も養っていかねばなりませんから。

一年のうちに家族を二人見送ったばかりだったので、この被災はきついです。不安を不安がっていると病気になってしまうので、今日できることをやっています〉

――震災後、お子さんに変化は？

〈変わったことは、やはり経済的な大変さを感じていることですかね。今日もゴールデンウイークで、ほかの子が家族と遊びに行ったりしているから、「もう少ししたら、車を買おうかと思ってるんだよ」と話したら、「お金が大変になるから、買わないほうがいいんじゃない」というんです。前からそういうことをいう子だったけど、自分の置かれている状況は大

変なんだと、さらに強く自覚するようになりましたね〉

「三回も流された人がいる」

被災者の話は、それぞれの状況でずいぶん違っている。共通しているのは、家と仕事がないこと。もっと聞きたかったが、私には時間がなかった。

私は、芳賀さんらに別れを告げ被災地を回る旅に出た。大槌町、釜石市、大船渡《おおふなと》市と回った。

どこもひどいものだった。すでにたくさん報道されているので多くは語らないが、どんな戦争の跡よりもすさまじい状況だった。

印象深いのは、被害に遭った家とそうでない家との差が歴然としていることだ。それは、地震よりも津波の被害のほうが大きいことを意味する。ここまで津波が来たのだと、はっきりとした境界線が感じ取れる。実際、芳賀さんによれば、「被害の九〇パーセント以上は津波の被害で、地震の被害はほとんどない」という。

壊滅的な被害を受けている状況は、とても写真で表現できるようなものではない。撮れば撮るほど虚《むな》しくなる。ほこりっぽい匂いとともにある臨場感は、とても平面画像で伝わるものではない。

しかし、そんな緊迫感とは対照的な東北人に出くわした。それは、昼食時のことだった。被災地には、食事の取れる店が残っているようにはとても見えない。私は、被災地と被災地の間にあるドライブインに入ることにした。大船渡市のはずれで、三陸町吉浜《さんりくちょうよしはま》という地区だった。

ドライブインといっても、看板にそう書いてあるだけで、とても横文字で表すような代物《しろもの》ではない。昭和の匂いのするひなびたラーメン屋に毛が生えたようなレストランである。しかし田舎だけあって、なかは広い。テーブルに五〇人ぐらいは座れそうだし、奥の畳のスペースにはカラオケも備えてあった。

がらんとして客はだれもいない。果たして営業しているのかどうか。厨房から女将さんが出てきた。歳は六〇歳を超えたくらいで、痩せて面長《おもなが》。優しそうだ。

「何か食べたいんだけど、今日やってるの？」

私は訊いた。

「んっ、何さ食べるダ。やってるこたあやってんだ」

「へえ、やってるんだ。ここ地震は大丈夫だったの」

「この辺ではいいほうだべ。一人しか亡くなってないから。まあ、そこさ見てけれ。壁さ落ちてるっぺ」

私は、畳の間の壁に近づいた。

「本当だ。これはひどいね」

壁が一面、全部落ちていた。

「ほら、ここの入り口もシャッターがやられたの。開かなくなったんだ」

「津波は、どうだったの？　ここまでは上がってこなかったの？」

「ここは高台だから津波はなかったんだよね。明治の津波のときに、うちでは二人流された。二一歳と一九歳の人が亡くなった。その一〇二年祭を十何年前にやった。大正八年の津波のときは、うちのおじいさん、サキワザキ・ウシタロウさん。そのときも津波が来て、それからまた上がって、それから三回目に来たのは昭和八年」

何のことを話しているのか、訛《なま》りもあって要領を得ない。多分、祖先二人が明治の津波でやられ、大正の津波でも犠牲者が出ているという意味だろう。上がるというのは、そのたびに家を海から遠いほうに移築したことを意味しているようだ。

「三回も流された人がいる。いまはこんなに便利になってつけど、昔も、昭和八年でしょ。今度はチリ津波っていうのがあったんだ。そのときは、船が夕方流された。こっちさ置いた船が流された。今度は、あの田んぼから、ずーと来て、ずーと行ったんだ。

チリ津波のときは、全然田んぼは流されなかった。だけんど今度は、これまで来たでしよ。水がだいたい四軒ぐらい持っていってしまった」

津波のすごい言い伝え

女将は、窓の外の景色を指し示しながら説明するが、こちらはときどき理解不能に陥る。それでも漠然とではあるが、この地域の人々の意識が見えてくる。何とこの地方の人で、三回も津波に家を流された人がいる。そのたびに、少しずつ高台に移ってきているようだ。まるで、津波が来るのが分かっていて、津波とともに生きているような感覚だ。

「へえ、運ばれたんだ」

私は、相づちを打った。

「うちでは田んぼも、船も流されたし……」

「えっ、沖に？　それは大変じゃない」と再び相づちを打つ。

「あそこさ」と海の沖合の小さな黒い島を指した。

「えっ、あれ島じゃないの？」

「島じゃない。もうワカメが枯れ木になっちゃった。みんな流されちゃった。ホタテ、ワカメ……」

島に見えたのは、いろんなモノが流されて、そこで堰《せ》き止められて島のような固まりにな

岩手県大船渡市で。民家の前まで津波に流された船

っているものらしいのだ。

「じゃ、被害は大きいね？」

「まあ、でも」と女将はおっとりとした表情をしている。私は同情すべきか、それともそのまま聞き流していていいのか困惑した。

「高いところへ移ってきてよかったね。昔の家は下にあったんでしょ？」と間の抜けた返事しかできなかった。

女将は、「だから、今度で三回、四回流された人がいるよ。あっちゃ行ったり、こっちゃ行ったり。そして、上がれ、上がれって。あと、亡くなった人が一人」と前に喋《しゃべ》ったことを繰り返す。

私は、東北弁を聞き分けるのに疲れてきたが、続けた。

「じゃあ、津波は、みんな割に慣れてるん

だ」

「まあ、津波には慣れてるね。もう地震が来たら、下さ下がんねという。ただ、漁師の人たちは上がって（移転して）こないんだ。思い切って上がればいいのに。下に漁協があるんだ。ここの下に。漁師のいちばんの事務所。みんな流されたから、やっぱ、漁協の人は海に近いほうがいいんだべや。おらたちは、アワビとかウニとか、あと海藻類とか取るんだから。船っこ出して、したんだわ」

「おばさん、組合には入ってるの。船はだれが乗るの？」

「だんな。でも、いまだんなは心筋梗塞《こうそく》だから、私が出してもらう。一人でアワビとか、潜らなくとも捕れる。こういう足袋《たび》で、鏡があるから」

どうやって捕るのか想像できないが、潜らなくても捕れるっていうのだから、それだけたくさん生息しているのだろう。

「じゃ、この店でもそのアワビ出したりしたんだ」

「やっぱ昔、おらたちは本当の漁師ではないからだけんど、うちのばあちゃんが、九九で亡くなった人が、『せんがひ、とがなあもんだーぞ』って教えてくれた」

「なに、なんていった、いま」

「せんがひ、とがなあもんだーぞ」

「さっぱり分からんわ。で、どういう意味？」

「一〇〇〇万持っていても津波が来れば一回で取られる、ちゅう意味だ」

「ええっ、一〇〇〇万、一〇〇〇万円のこと」

女将はうなずいた。

そんなことわざのような言い伝えがこの地方にはあるのだ。ここでは、津波が生活の一部として存在している。日本全国の人が東日本大震災を「戦後最大の危機」などといっているが、東北の人たちにとっては、そんな身近なものだったのだ。

しかし、驚くのは、そんなところにどうして原子力発電所なんかを持ってきたのだろうということ。そんな事実は、調査すればすぐに分かりそうなものなのだが。

私は、その女将の店で、海の幸のいっぱい入った味噌ラーメンを食べた。美味しかった。しかし、お客はいない。女将は、「この近くが海水浴場なんだ。だからお客さんが夏に来るのよ」というが、地震が起きたので、この年はそんなにお客が来るとも思えない。ゴールデンウイークのいまだって、本来なら書き入れ時には違いないはずだ。

店を出るとき、女将は「これ、美味しんだどー。持ってけさ」とワカメを一袋よこした。

「ええっ、いいよ」

「ええから、持ってけ」

「悪いから、払うよ」

「ええから、ええから」と無理矢理手渡した。

これには驚いた。ワカメをタダで渡したら、儲けはすでにない。私が東北人でなく旅行者であると知っての行為であろうが、こともあろうに女将は被災者の一人である。

これが東北人の心なのであろう。心に熱いものが残った。

現場を知らないコメンテイター

その後、陸前高田市を回り、宮城県の気仙沼市、南三陸町と海沿いを南下した。仙台市に入ったら夜の八時を過ぎていた。仙台市の堂々たる大都市のたたずまいにも驚いた。市街を見る限り、地震や津波の影響はなさそうに見えた。近辺を見るため二泊し、さらに海沿いを南下し、福島県に入った。

――こうして、私は東北の旅を終えた。被災地の旅を終えて、不思議に思ったことが三つある。

まず「東日本大震災」という名称。私は、岩手県の大槌町から海岸線を南下して宮城県、

宮城県にはゴールデンウイークにボランティアが殺到した

福島県と回ったが、被災地は、東日本の沿岸部に集中していた。仙台、福島、盛岡などの大都市のある内陸部はほとんど正常に機能している。「東日本」を冠すると、日本の半分が麻痺《まひ》状態になった印象を与える。日本経済への負のイメージを自ら増幅しているように思えてならなかった。正確には「東日本東沿岸部大震災」ではないだろうか。

テレビのコメンテイターが、「阪神・淡路大震災のときには、すぐそばの大阪が元気だったから復興が早かった。今度は東京が元気を出すことが、東北の早い復興につながる」ともっともらしいことを喋っていたが、東京まで来なくとも、仙台や福島や盛岡があるではないか。どの都市も元気なのだ。そんなセリフが出るのは、コメンテイターが現場を知らないからであり、「東日本大震災」という名称から受ける印象からそう語ったに違いない。

二つ目は、ボランティアたちの熱意の大きさ。仙台のボランティアセンターは午前九時から受け付け開始だが、七時半から列をなしている。仕事がないと分かると、ガックリと肩を落とすという。何がそんなに彼らを駆り立てているのだろうか。

三つ目は取材のやりにくさ。ある避難所では、取材目的を記した申請書の提出を求められた。それも「前日に」というのである。被災者保護は分かるが、慎重過ぎる気がする。なかに入れなければ、取材目的も書けない。被災者の気持ちもつかめない。そんな避難所では、私のように「避難所に泊まりたい」などと申請すると、たちまち断られるに違いない。

以上が、私が被災地を回って違和感を覚えたことである。それらには共通点がある。日本中が過剰反応しているということだ。もう少し冷静になってほしい。最も冷静な対応が必要とされる政治家がパニックに陥っているから、いろいろ判断ミスが起きているのだ。

「復活の薪」プロジェクトとは

芳賀さんのその後の動向を知ったのは、週刊誌のグラビアと新聞の一面を通してだった。見出しには「復活の薪」と書かれてあった。

記事によると、芳賀さんと被災者で作るグループは、ガレキの木材を薪にして「復活の薪」と称して販売を始めたという。それは、被災者の自立が目的でもあるが、海をきれいにしたいというのが理由だという。

岩手県大槌町の吉里吉里の海は津波のため汚れてしまった。同地の漁師たちを助けるためには海の回復が必須だ。海をきれいにするためには山をきれいにしなければならない。海と山は直結している。海に入る水や養分は山から流れてくるからだ。

海の豊かさを取り戻すために、芳賀さんたちはまずガレキを撤去し、薪にして売る。いずれガレキはなくなるから、次は山に入り間伐し、間伐材もまた「復活の薪」と称し販売する。このプロジェクトは反響を呼び、全国から注文が殺到しているという。

素晴らしいアイデア、さすが芳賀さんだ——。

私は、そのプロジェクトを見るために、八月、再び吉里吉里を訪れた。

吉里吉里の町はすっかり変容していた。海岸近くの被災地は整備され、ガレキはほとんどない。その後には草が生え、一面緑となっていた。避難所も様変わりしていた。被災者は全員が仮設住宅に移り、私が訪れた日は、数人が後片づけをしているだけであった。

芳賀さんが主宰する吉里吉里国復活の薪プロジェクトの事務所と作業場は、その元避難所の前だった。以前、被災者たちのお風呂場があった、その横の広場には、木材が山と積まれ、ボランティア十数人が釘《くぎ》を抜いたり、斧《おの》を振り上げて薪割りをしたりしていた。

木材は松、檜、杉など。表面を塗装したものやシロアリ防除剤などが塗ってあるものは、表面を削られる。薪はほぼ三〇センチの長さに切られ、束ねられる。

作業場のなかに、芳賀さんもいた。芳賀さんはボランティアの人たちに薪割りのやり方を教えたり、忙しそうに事務所を出入りしたりしていた。

私と芳賀さんは再会を喜び合い、一通りの撮影を終えてから、インタビューに入った。

——復活の薪のきっかけは何だったのですか？

〈あのね、廃材を利用して避難者の風呂を沸かしていたのよ。そのための薪集めをしていたとき、西宮市から来ていたNPO法人日本森林ボランティア協会の人が「この薪はボイラーの燃料だけでなく、薪として売れるんじゃないの。売れるよ」といった、そのひと言がヒントになったのよ。じゃ復活の薪プロジェクトを始めようとなった〉

芳賀さんは言葉をかみしめるようにゆっくりと話す。

——でも、ガレキは雨に濡れたり、潮をかぶっていたりと、問題もあったのでは？

〈それは調べたよ。専門の人がいうには、四〇年も五〇年も住宅用建材で使われた材木は、湿度一五パーセント以下の完全に乾燥した廃材で、一時的に津波の海水をかぶっても、なかまでは浸透しないらしい。しかも何回も何回も雨にさらされたので、表面にくっついた塩分はほとんど流されている。独立行政法人のきちんとした国の機関で、お墨つきをもらったの

で、スムーズにいったよ〉

——放射能の問題は？

〈岩手県陸前高田市のアカマツが京都の大文字焼きのイベントに使われるという話があったよね。調べてみたらセシウムが検出され中止になった。それが報道されてから、結構な数、復活の薪事務所にもメールや問い合わせがあったよ〉

——で、どう答えたの？

〈陸前高田市から吉里吉里までは五〇キロの距離。当然、放射能の影響がないとはいえない。いろんな専門家の話を集約すると、樹木に関しては、樹皮にはやっぱり放射性物質が付着しているだろうという。その濃度は、基準値を大きく下回っているが、念のために、復活の薪を利用して火を焚いて、煮炊きしたものを口に入れるのは避けたほうがいいのではないかという結論に達したんだ。暖炉で火を燃やす場合は問題ないが、バーベキューなど、直接煮炊きしたものを食べるのは避けたほうがいい。それが、学者たちの意見だった〉

——だったら、京都でも問題ないということにならない？

〈問題ないと思うよ。それでも心配する人たちがきっといたんだろう。大文字焼きの担当者や京都の市民団体などから、ちょっとでも検出されればやるべきじゃないと反対が起こったんだろう〉

——京都の件で、注文は減ったの？

〈減ってないよ。いまも毎日毎日注文が来ている。だいたい二ヵ月待ち。スタッフは最初一二〜一三人ぐらいいたけど、スタッフでこなせる量の数倍、数十倍の注文が殺到した。スタッフのメンバーは吉里吉里地区の避難所にいた人ばかり。みんな家を流され、ものをすべて失った被災者だ〉

——どうやって宣伝したの？

〈こちらからは宣伝していない。まず、新聞に出た。それからテレビとかでも紹介された。爆発的に増えたのはテレビに出てからだね。すべてマスコミとインターネットの力だ〉

数十年手つかずだった山に入ると

薪の値段は一〇キロで五〇〇円。送料は購入者負担。南は屋久島《やくしま》、北は北海道から注文が来る。ストーブを使っている人ばかりではなく、いろいろな理由で復活の薪を利用したいという人がいる。

最初は無制限だったので、一人で一〇〇袋とか一五〇袋の注文が来た。いつか廃材がなくなるのは分かっているから、五〇袋に制限した。それでも注文が多いから、二〇袋、一〇袋と制限し、現在は一人の注文につき五袋までとしている。

――俺もやりたいという人が出てくるのでは？

〈出てくるね。どうぞ、いつでもいいから手伝ってくださいと声もかけている。お手伝いの人は、毎日来るわけではない。週末とか勤務が終わったあとに来る人が多いね〉

ボランティアの人たちは、マスコミやインターネットなどで知って、直接手伝いをしたいといってくる。スタッフも職場に復帰したりする人が出てくる。漁業従事者は港湾設備の作業に駆り出されるようになる。現在のスタッフは三人から四人。その倍以上がボランティアの人たちだ。

復活の薪プロジェクトのボランティア

スタッフが五人、六人に減った時点から、ホームページでボランティアの募集を始めた。多いときは二〇人以上集まる。彼らのおかげで、やっと供給が間に合うようになってきた。

――他所の街のガレキを持ってくるという可能性も？

〈そうなるかもしれないね。で

も、なくなったら、間伐材でずっと続けようと思っている。孫の代までも。山の手入れをする前の段階で、復活の薪プロジェクトがスタートしたけれど、三陸の海を津波の前の美しい海に戻したい、もっと豊かな海を作りたいというのが最終目標。全員で意思統一しているからね〉

山は、三〇年、四〇年間まったく手つかずだった。だれも山に入らなかったので、荒れ放題だったという。山の九割以上は漁師たち個人の所有林。芳賀さんたちは六月から間伐の勉強を始めた。その噂を聞きつけた山の所有者たちが、「俺の山もやってくれ」「うちの山も」と依頼してきたという。

「いいきっかけになった。復活の薪プロジェクトが最終目標ではなく、海をきれいに戻したい。自立し生活再建につなげたい。売上金はすべて、被災者のスタッフに還元します」と芳賀さん。

林業復活のＮＰＯを

注文は殺到するが、それで金が余るというほどではないという。なぜなら、価格が安いから。一袋（一〇キロ）たったの五〇〇〇円。薪の業者が売っている値段の三分の一だという。薪を入れる袋だって、全国の農協が米袋を寄付してくれたのを使っている。

――どうして、こんなに安くしたの？

〈こんなに売れると思っていなかったもの。小遣い程度にと思っていた。ガレキだから高くしても申し訳ないと思っていたのよ〉

――しかし、ガレキがなくなったら、ボランティアの人たちも来なくなるのでは？

〈そんなことはない。復活の薪の名称は変わらないし、私たちを助けるという意味だけではなく、山のなかに入ったときのすがすがしさ、充実感を目的に来る人もいると思う。それぐらい山の手入れは素晴らしいことなんだよ〉

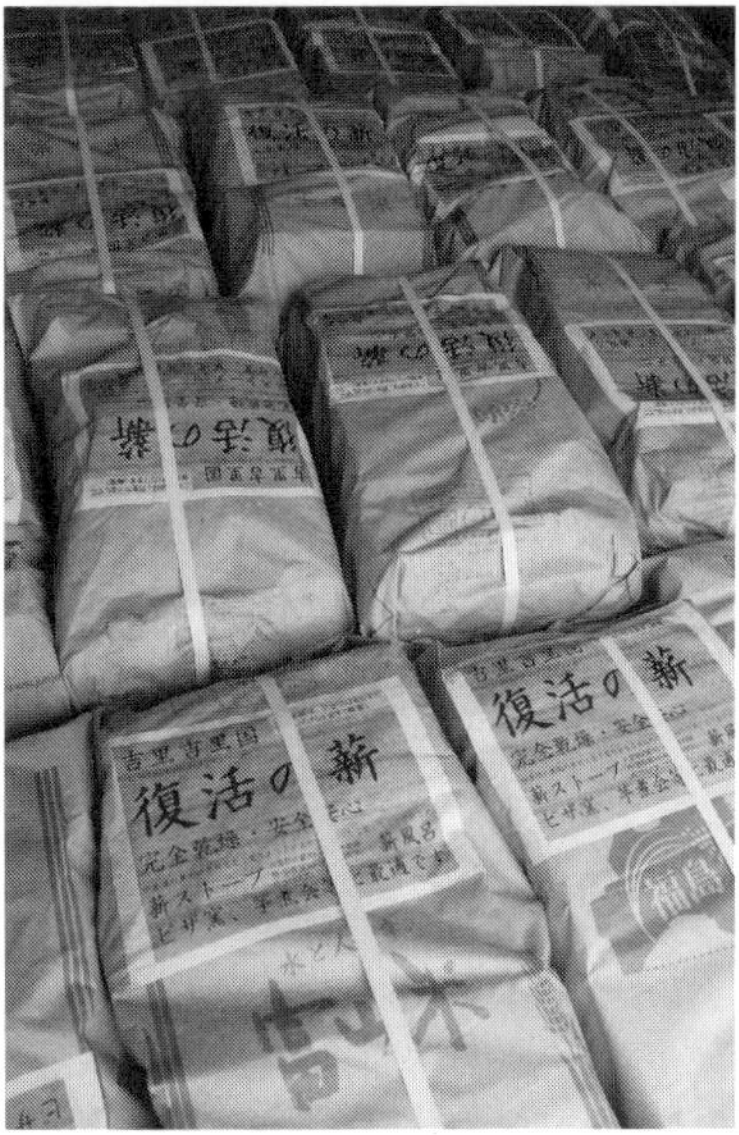

発送を待つ復活の薪

二〇一一年秋には、NPO法人として認可され、芳賀さんが理事長になったが、無給だという。スタッフは、事務局を担当する理事以外は無給。芳賀さんは年金で暮らしていけるから、要らないのだという。

ガレキの容積の約七〇パーセントが木材。それが薪として販売されるなら、ガレキの処分に困っているとき、こんないいことはない。

——なぜこの企画がほかの被災地に広がらないのか？

〈立ち上がる人がいないのではないかな。みんな自分のことで忙しい。ガレキ撤去の人たちはお金をもらってやっている。立ち上がる人がいない。行政がやればいいのだが……〉

——使用者の感想は？

〈火がすぐつく、すぐ炎が燃え上がる。ガレキとして処分される運命にあったこの薪に、再び命が復活したんだと思いながら炎をながめています、とかいってくるなあ〉

芳賀さんは目を細める。

——震災で無職になった人が多いが、このプロジェクトを大きくして雇えないのか？

〈NPO法人と並行して、個人の会社を設立しようと思っているのよ。そこでは、再就職のめどが立たない人を雇い入れようと思う。町には林業はなかったが、復活させようと思う。NGO吉里吉里国の精神にのっとった山の手入れの仕方をやる林業会社をやろうと思っている。職をなくした人を、NPOが全部助けられますか。できる範囲でやるしかないよ〉

決意を語る芳賀さんは大変そうだったが、どこか人生の充実感を漂わせていた。政治家や役人に頼らなくても幸せを実現できる——やはり日本人の現場力はすごい。

第四章　ハイチ大震災に遭った人々の悲劇

自衛隊朝霞駐屯地で

ハイチでは、二〇一〇年一月、大地震が起きている。死者約二二万人、被災者約三七〇万人。日本の東日本大震災の死者・行方不明者は約二万人、ピーク時の避難者は四〇万人以上といわれているが、ハイチではこの一〇倍もの被害が出ている。そんなに被害がありながら、日本で報道されたのは当初だけで、東日本大震災のあとはほとんど報道されていない。日本では、戦後最大の危機とか、日本沈没か、あるいはこの世の終わりかなどと大騒ぎしているが、彼の国ではこの一〇倍の被害だ。もう国が崩壊してもおかしくない。

そんな被害状況と向き合ってみたい。そんな極限状態を見れば、日本の震災がまた違って見えてくるかもしれない。私は、その後のハイチを見てみようと思った。

ハイチに行く前に、自衛隊への取材を始めた。自衛隊は二〇一〇年二月からPKO（国連平和維持活動）の「国連ハイチ安定化ミッション（MINUSTAH）」としてハイチに要員を派遣している。

東京都練馬区の大泉《おおいずみ》学園町にある陸上自衛隊朝霞《あさか》駐屯地に行った。ここにはハイチ派遣の広報を行っている中央即応集団司令部がある。

門を入ると、入り口に大きな分厚い鉄板が道路からニョキッと立っている。容易に侵入させないためだ。銃を持った警備隊員が並んでいる。こちらの身も引き締まる。警備室で訪問申請書に記入し敷地に入る。中央即応集団司令部のあるビルまで歩いた。

傾きかけた太陽光線が木の間から降り注ぐ。ジージーという蟬《せみ》の声が響き渡る。ジョギングをする隊員の姿も見える。この駐屯地は、おそらく第二次世界大戦当時の旧日本軍からのものだろうが、真夏がよく似合う。それは、ドラマや映画で終戦の場面を多く見ているからだろうか。

目的のビルに近づくと、カーキ色の制服を着た隊員が表で待っていた。

「吉岡さんでしょうか」

「はい、そうです。初めまして……」

電話で約束をしてあったので、すぐにお互いが分かった。

小さな応接間に通された。「今日は、休みの人が多いので」と、冷えた麦茶を自分で運んできてくれた。

向かい合って座った。交換した名刺には、松橋寛《まつはしひろし》報道幹部一等陸尉とあった。三四歳だという。松橋氏は、「ハイチ共和国における国際平和協力業務の概要」と「中央即応集団」と書かれた二つの綴《と》じ込みを用意してくれていた。

自衛官になる日本人の理由

まずハイチについて記しておく。ハイチ共和国。人口約一〇〇九万人（二〇一〇年、外務省データ）、面積は約二万七七五〇平方キロメートル（北海道の約三分の一）。首都はポルトープランス、意味は「王子様の港」で人口約二五〇万人。公用語はフランス語とクレオール語。民族はアフリカ系が約九五パーセント、残りはムラートと呼ばれる黒人と白人の混血など。宗教はキリスト教（約九六パーセント）とブードゥー教。通貨はグールドで、一米ドルが約四〇グールド。

経済状況は、農業依存型で生産効率が低い。政情不安やインフレなどにより困窮状態だという。国民一人当たりのＧＤＰは約六六七ドル（二〇一〇年、ＩＭＦデータ）。治安が悪く、反政府勢力の活動や犯罪組織同士の抗争が頻繁に起きているという。気候は熱帯雨林気候とサバンナ気候で、サバンナ気候の地域では雨季と乾季がはっきり分かれる。

私が訪ねた「中央即応集団」とは、防衛庁が防衛省に格上げされた二〇〇七年にできた組織で、ＰＫＯ活動の際や日本が侵略されたときに敏速な対応ができるよう専門部隊や機動運用部隊を一元的に集めたもの。要するに、防衛大綱のなかにしっかりとＰＫＯ活動が組み込まれたことを示し、その派遣部隊を組織する機関だ。

一九九二年に自衛隊が最初にPKO部隊をカンボジアに派遣してから、ずいぶんと活躍の場が広がっているという感慨はあったが、それほど驚くような話はない。そのことよりも、雑談で話した松橋さんの気持ちが私を驚かせた。

説明のあと、東日本大震災での自衛隊の活動を伝えるビデオを見せてもらっていたとき、私は、彼に訊いた。

「震災が起こったときは、まだ寒かったたじゃないですか。あの雪の降るなかで作業をやっていると、もうイヤになる人もいたんじゃないですか？　何で、俺はこんなところでこんなに辛い目に遭わなければならないのかと。自衛隊員のなかには、そんな悩みを持つ人もいるでしょう？」

そう水を向けると、彼はいくぶん首を傾《かし》げながら「私は、今回東北の前線には行かなかったですけど、それはないんじゃないですかね」という。

「そう？　なかには、そういう人もいると思うんだけどね」

「私は、かつて能登《のと》の地震のときに行政のお手伝いをしたことがありますが、そんなことは露《つゆ》ほども考える余地はなかったですね。あまりに忙し過ぎて、四日四晩徹夜が続きました」

「四日間も！　それはすごいな」

「そういう訓練もあるんです」

「すごいですね。四日間も寝ないでも済むんだ。僕は、アフガンに行ったとき、まる二晩徹夜したことがあるけど、それが限界だったね。やっぱり自衛隊は鍛え方が違うなあ」

私は驚きを交えて話した。自衛隊では、「一泊二日」という言い方はせず、「一夜二日」「二夜三日」というそうだ。

「ところで、どうして自衛官になろうと思ったんですか？」

「私ですか？」

「そう。ＰＫＯで自衛隊が海外で活躍するようになったから？　最近、入隊希望者は増えているようじゃないですか」

「そんなに増えているとは思いませんが、自分は、やっぱり、高校生の頃だったんですけど、カンボジアのＰＫＯや阪神・淡路大震災なんかで自衛隊が活躍しているのを見ましたね」

「見て、どう思ったのですか？　自分もやりたいと思ったの？」

「ええ、そうです」

「そうですか。そういう人もいるんですね」

「だから、能登に行ったときには、このために自分は自衛隊に入ったのだ。このために、これまで訓練してきたんだと思いました」

私は素直に感動した。こんなにも純粋に、ただ他人のために何かしたいと思っている人が自衛官になっているのだ。吉里吉里の芳賀さんが、雪の降るなか、ずぶ濡れになって撤去作業をやっていた姿に胸を打たれたというのは、こういうことだったのだと思った。こういう人がいるから日本が守られるのだと思った。

空港での難民生活

「フライトナンバー一〇六便、テルアビブへの発着便ゲートは四七番です」

英語での大きなアナウンスの声が何度か繰り返された。それまで、周囲の騒音にびくともしない勢いで寝ていた私も、その高音質の女性の声についに目を覚ました。時計を見ると、夜中の三時だった。

——こんな夜中でも飛行機は飛ぶんだ。

そう思った。ここは、アメリカ・ニューヨークのジョン・F・ケネディ空港四番ターミナルのフードコート。私は、カリブ海のハイチに行く途中だった。乗り換え時間が一五時間もあるので、空港で夜を明かしていたのだ。

もう少し寝たいが、眠れそうにない。耳を澄ませるといろいろな音が聞こえてくる。目の前のテイクアウト用のシーフードレストランの冷蔵庫のうなる音。コーヒーショップのおばさんが客と無駄話をする声。警備員の歩く足音。カートを引きずる音。私と同じように、一夜を明かす人たちのひそひそ話も聞こえる。

天井は、無機質な合金で作られた淡いグレー。その下には、SFにでも出てきそうなロボットのアンテナのような照明モニュメントが並ぶ。周囲のグッチだ、シャネルだのこぎれいな店はシャッターを下ろしている。営業しているのは、「Peet's coffee and tea」という看板の掲げられたコーヒーショップぐらいだ。それでも、よく二四時間営業してくれているものだ。われわれ夜中の乗客にとっては心強い。

空港は意外に心地いい。空調は効いているし、よく掃除してあるのでホコリもない。照明もしっかりついているし、探せば、店と店の間の壁に電源もあるので、パソコンで仕事もできる。トイレはきれいだし、私のように寝袋を持ってくれば、もう怖いものはない。

だからといって私は、海外旅行のとき、いつも空港で寝泊まりしているわけでもないし、いつも寝袋を携行しているわけでもない。

私はこのとき、ハイチに行こうと思い立ったのはいいのだが、そこは思いのほか遠い。航空運賃が高い。妻に頼んでインターネットで探してもらったのだが、たいていは往復二〇万円を超す。一〇万円台のを探し出してみると、ロサンゼルスとニューヨークでそれぞれ一〇時間以上待たねばならない。

「まあ、それでいい。何とかなるだろう。空港で寝泊まりするのもいい。そういえば、そんな映画があったな」

「『ターミナル』でしょ。あれは実話だってね」と妻がいう。

「そう、あれは難民の映画だ。難民も被災者のようなもの。今回は被災者の取材だから、自分で体験するのもいいよ。寝袋を持っていけば大丈夫だろう」

そんな軽い気持ちでスケジュールを決めてしまった。

映画『ターミナル』は、スティーブン・スピルバーグ監督作品。トム・ハンクスが主演で、空港ターミナルに閉じ込められた男とターミナルの従業員との交流を描いている。ストーリーは、ジョン・F・ケネディ空港の入国管理で、架空の国クラコージアからアメリカにやってきた主人公が、母国でクーデターが起こったためにパスポートが無効になり、やむなく空港で暮らすようになるというものだ。

そんなノリで日本を出発した私だったが、内心かなり心細いものがあった。これまでも、一〇時間以上待ちのトランジットは何度か経験しているが、たいていは空港の外に出たり、ホテルに泊まったりだった。空港内にいたこともあるが、すべて昼間だった。空港に泊まるというのはこのときが初めてなのだ。

大満足の「空港ホテル」

実は、ニューヨークに来る前日にはロサンゼルス空港にも泊まっている。夕方ロスの空港に着いた私は、少し心細くなり、「やっぱり、ロスではホテルに泊まろう」と案内係の男性にホテルのことを尋ねた。

インドかバングラデシュ系のその案内係は、「あそこにホテルの電話があるから、勝手に予約してくれ」と素《そ》っ気《け》ない。見れば、出迎えの友人が来ていないため困っている若い女性と雑談するのに忙しそうだ。あんなサービス精神に欠けた奴は、日本では仕事はできない。ここでも日本の現場力が生む心地良さが思い起こされた。

私は、ホテルの看板の下に並んでいる受話器を取って耳に当てた。画面のホテル名を押すが、ホテルの宣伝ばかりで、肝心の「今日の予約は可能か?」「宿泊代は?」の答えはどこにもない。ホテルの住所は出るが、この空港の住所が分からないので、空港周辺のホテルかどうか見当がつかない。直接電話をかければいいのだろうが、電話をかけるには、電話カードを買わねばならない。私は面倒くさくなって、空港に泊まる覚悟を決めた。

どうして、アメリカの空港はこんなに不親切なのだろう。日本ならば、案内係がホテルぐらい見つけてくれるだろうに。あのホテル案内では、ロサンゼルスの住人、あるいは英語圏の人しかホテルにたどり着けないだろう。アメリカ人は、自分たちが世界の中心にいて、英語が完璧なのが当たり前と思っているとしか思えない。だいたい私のような客を逃したら、もったいないだろうに。

　時計を見るともう夜の九時。私は、フードコートで夕食を取ることにした。中華料理をテイクアウトし、椅子に座って食べる。その椅子は長く寝袋で寝られそうだった。電気は煌々《こうこう》とついていて明るい。ここで本を読みながら、一晩を過ごそうと思った。

　警備員に注意されるかと思ったが、掃除人が来ただけで、だれもとがめる者はいない。それどころか、私のような乗客が数人やってきて、ごろんと寝ころんだりしている。私は、ハイチの本を読み終え、ユニクロが開発した軽い素材でできたウルトラライトダウンをはおり、寝袋のなかに潜り込んだ。私は朝の四時まで熟睡した。

　昼間の喧噪《けんそう》とはうって変わって静か。未だ経験したことのない不思議な空間だと思った。まるで、海の底にでもいるような青みがかった風景。広いのに、人の気配がない異空間。私だけが、この異次元の世界を見ているのだと思うと、私は空港に泊まったことに満足していた。何でもそうだが、初めてのものを見たり、初めての体験をしたりすると、人間は喜びを感じるものだ。

手ぬぐいと海水パンツの効用

ニューヨークのジョン・F・ケネディ空港に降り立った私に迷いはなかった。空港に泊まるのだと決心していた。何しろ、映画『ターミナル』の舞台はジョン・F・ケネディ空港だ。ここを体験しない手はない。

私は、ターンテーブルに荷物が運ばれて来る前に、トイレに入った。そして、顔と腕を洗った。すっきりした。外に出ると、まだターンテーブルは動いてなかった。私は、もう一度トイレに入り、いまのうちにと頭を洗った。洗面所には液体石鹸も出るようになっている。それを一気に頭にかけ、大急ぎで洗う。こんなことをする乗客はいないが、利用しない手はないと思った。

空港での宿泊で、いちばんの問題は風呂に入れないことだ。それさえクリアできればあとは楽だ。トイレにはほかの乗客が入ってくるが、こちらは頭を下げて洗っているので、彼らの表情は見えない。別に見られたってどうということはない。ニューヨークにはいろいろな人間がいるはずだから……。

頭を水で濯《すす》いだあと、持ってきた手ぬぐいを水で濡らし、体中を拭いた。すると、まるでシャワーを浴びたあとのようにスッキリした。こんなとき、日本の手ぬぐいが便利なのだ。

いざとなれば、これ一枚で温泉に入ることも可能だ。

私は、海外に行くとき、必ず手ぬぐいと海水パンツを持っていく。熱帯、亜熱帯地方に行くとき、手ぬぐいは汗ふきにもちょうどいいし、海水パンツがあれば、川や海、プールに温泉と、どこでもリフレッシュできるからだ。そんなときも手ぬぐい一枚あれば、大丈夫だ。

私は、空港でシャワーを浴びた経験が一度だけある。ドバイには、シャワー室のあるトイレが一ヵ所だけある。石油の国だけあってお湯もちゃんと出るし、それはそれは快適だった。

私は、まるでドバイでスッキリしたときのような気分で、トイレを出た。ターンテーブルから荷物を受け取り、さっそうとゲートを出た。しかし、到着したターミナルには、居場所がなかったので、すぐに外に出た。私は、エレベーターで二階の出発ゲートに行ってみたが、ここにも場所がない。椅子もない。

デルタ航空の係員に、「明朝の飛行機に乗るまで、空港内で待ちたいのだが、どこへ行けばいい？」と訊くと、「知らない。勝手にその辺にいたら」と素っ気ない。

「でも、ここにはスペースがないじゃないか」というと、「隣のビルに行ったら」とこれまた素っ気ない。これがアメリカ人だ。日本人なら、もっと親切に、その人の気持ちになって考えてくれる。個人主義のなせるわざか、人の気持ちを察するという点が欠如している。

私は、荷物をカートに載せたまま、一階に下り、ガードマンに尋ねた。

「それなら、ターミナル四がいいんじゃないか」

「ターミナル四？　ここは何番ターミナル？」

「ターミナル二だよ」

「いったいターミナルはいくつあるんだ」

「八つだよ」

「ええっ、八つもあるの。どうやってほかのターミナルに行くの。歩いていくのか？」

「エアートレインがあるよ。無料だから。ドアを出たら目の前だ」

ガードマンはそう教えてくれた。

空港で長椅子を確保する方法

私は、エアートレインでターミナル四に向かった。しかし、ガードマンがターミナル四がいいといったって、そこに何があるのだろう。行ってみないと分からない。

——しかし、でかい空港だな。映画はどこのターミナルで撮影されたのだろう。

私は、そんなことを考えながら、ターミナル四に向かった。おそらくガードマンは、フードコートに行けという意味でいったのだろう。二階の奥に入っていくと、大きなフードコートがあった。新しくて細長い。二階から全景が見渡せるところは、ドバイのそれに似ていた。

——ここかあ、俺の今夜の寝場所は。

私は、心のなかでそうつぶやきながら、店を一軒一軒見て回った。洋服屋、銀行、宝石屋、化粧品屋、メガネ屋、本屋、寿司屋……。コンセントもある。

ちょっと変わった店があった。店名は「EXPRESS SPA」。スパといってもお風呂ではない。マッサージの店である。空港にマッサージ屋があるのは、バンコクとホーチミンぐらいしか知らないが、ここにもあったのだ。私は、マッサージとお風呂には目がない。世界のお風呂とマッサージを制覇《せいは》しようと思っているぐらいだ。

さっそくやってもらうことにした。フットマッサージを選んだ。三〇分で五五ドルと、けっして安くはない。日本の値段か、それより少し高い。「それだけ払うなら、もうちょっと足してホテルに泊まればいいじゃないか」と自分に突っ込みを入れたくなるが、それとこれとは話が別だ。

やってくれるのは中国人の男性。あまり英語がうまくないので、会話にならない。私は黙って目をつぶるしかなかった。特に変わった感じはしない。北京のフットマッサージのほうがよほど上手だし、丁寧で安い。

税金やチップを無理矢理取られ、結局六〇ドルを超えた。後味が悪いので、けっしてお勧めできない店だ。

基本的に、私はチップが嫌いだ。面倒くさい。あれは、イギリスの階級社会が編み出したものに違いない。植民地主義の現れかもしれない。お金持ちが貧しい人に施しを与え、ごまかしている。偽善ぽくもある。

夕食は、今夜も中華。食事を済ますと、時差の関係からか猛烈に睡魔が襲ってきた。横になれる長椅子を探し、寝袋に潜り込む。ここは、ロスと違って、空港に寝泊まりする人が多い。

長椅子を確保するには、タイミングとずうずうしさが必要だ。何しろ世界中の人種が集まっているから、遠慮しているとすぐにいい場所を取られてしまう。考えてみれば、ここほどインターナショナルな場所もない。白人から黒人、アラブ人、インド人、中国人……とさまざまな顔を見ることができる。

私は、すぐに寝入ってしまった。そして、夜中の三時に、大きなアナウンスの声に起こされた。

台風に追われながらハイチに

ハイチに到着したとき、これは奇跡ではないかと思った。というのは、ハイチに来るまでの三週間、さまざまな障害があり、それをすべて乗り越えて予定通り到着できるとは、露ほども思っていなかったからだ。

和歌山県新宮市の支局から東京本社への転勤が急遽《きゅうきょ》決まったのが三週間前。それから、東北へ二度目の取材に赴き、三重県津市での送別会、尾鷲《おわせ》市での送別会、新宮市での送別会をこなし、転勤の準備と引っ越し。最も厳しかったのが、日本を発《た》つ二日前の九月一日。この日、和歌山県には台風一二号が迫っていた。

その日の正午には、引っ越しのトラックがやってきた。積み込みを二時間で終え、後片づけをし、夕方には支局をあとに。その夜、私は自家用車で紀伊半島の紀勢道から名古屋を通り抜け、東名高速道から千葉市の自宅まで徹夜で走り抜けた。

その翌日の午後一時、引っ越しのトラックが来ることになっていた。それまでに到着すればいいのだが、問題は台風。二日には台風が紀伊半島か四国に上陸するという予報だった。私は、台風に追い立てられるように夜を徹して運転したのだった。

台風のなか、引っ越しができるのだろうか。それよりも、台風の影響でハイチに向かう飛行機が果たして飛び立てるのであろうか。二日夜には東京本社に挨拶。私は、まるで台風をすり抜けるようにして、スケジュールをこなした。

三日夜、羽田空港に到着した私は、まるでゲームのなかで、最後の「上がり」を前にした主人公のような気分になっていた。それまでのあまりにも多い障害に、何度もハイチ行きをあきらめかけていた。チェックイン、通関手続きという通過儀礼を終えた私は、やっといつもの元気を取り戻していた。

これ以上汚くしようがない街

飛行機の上から眺めるカリブ海の島々は、本当に美しかった。その海の透明感と、そこに浮かぶ島が織りなすレリーフは宝石のようだった。

私は一つ問題をかかえていた。ニューヨークから搭乗したこの国際線の飛行機は、驚いたことに食事が出なかったのだ。午前八時五〇分に乗って、午後一時に到着する。サーブする時間は十分ある。しかし、国際線であるにもかかわらず、ソフトドリンクとピーナツのサービスしかないのだ。

にわかには信じがたかったが、これが値下げ競争の激しいアメリカの航空業界の現実。きめ細やかな日本の航空会社のサービスも、やがてこうなっていくのだろうか。この取材はゆっくりした旅ではない。到着したらすぐに取材に入りたかったのに、私は飛行機のなかで空腹に耐える「難民」と化していた。

運転手のピエール・ジャクソンは好青年

空港に降り立つと、湿気を含んだムッとした空気に包まれた。尋常《じんじょう》な暑さではない。空港はバラック小屋。通関を済ませると、目の前が荷物受取所だった。たった一つのターンテーブルはかろうじて動いていたが、短いので全部の荷物は載らないらしく、一周した荷物は隅っこのほうに山積みにされている。ターンテーブルが空けば、再び載せられる。そんな具合だから、その周辺は早く自分の荷物を探そうとする乗客たちでごった返していた。整然とした日本の空港とは大違いだ。

外に出ると、ここも発展途上国らしく、タクシーや荷物運びの強要にハイチ人が群がってくる。私は「要らない、必要ないから」と怒鳴りながら台車を押しているのに、二人のハイチ人がずっとついてくる。一人は老人で、私の台車をつかんで離さない。もう一人は、タクシードライバーで、「どこから来たのだ？」「どこへ行きたいのだ？」などとさかんに英語で話しかけてくる。

私は、すでに運転手を日本で予約していた。ハイチに来るのはもちろん初めてだが、友人に頼んで、ハイチに住む日本人を捜してもらっていたのだ。友人はＪＩＣＡ（国際協力機構）から派遣されている専門家の女性を紹介してくれたので、メールでその女性に運転手の予約を頼んだ。それも、通訳代を節約しようと、英語のできる運転手に決めていたのだ。

「すでに予約している運転手がいるんだ」私が大声でいうと、「だれだ？」とタクシードライバーが訊く。

「これだ。ピエール・ジャクソンだ」と私が、メモの書かれた紙を見せると、彼はめざとくそこに書いてある電話番号を見つけて、自分の携帯電話でその番号に電話した。すると、どこで待っているかが分かったらしく、「こっちだ」と私を先導した。

ピエール・ジャクソンは、「吉岡様」と日本語で書いた紙を胸元に掲げていた。ＪＩＣＡの女性に書いてもらったに違いない。

ジャクソンは二八歳。すらりとした背恰好の好青年だった。

街まで走る。喧噪《けんそう》に包まれた風景。舗装道路は至るところに穴が開いている。バラックのような家々が並ぶ。震災の影響らしく、ところどころにブロック塀が崩れたままの家も見える。

ゴミが至るところに捨てられ、回収されないようだ。ゴミには野犬や山羊が群がっていたりする。そのそばを人々が肩をぶつけ合いそうになりながら通り過ぎる。この世のものとは思えない風景。まるで人々はゴミのなかで暮らしているようだ。

ピーピーピーと警笛はそこらじゅうで鳴り、オートバイが歩行者と車を避けながらビュンビュン走る。車のエアコンは暑さに勝てず、私の顔から、頭から、首筋からたらたらと汗がしたたる。

とんだところに来てしまったと思った。近頃、これほど貧しそうな風景を目にしたことはない。かつて私が住んでいた四〇年前のエチオピアは、世界の最貧国に数えられていたが、それよりもひどい。そうだ、この暑さといい不衛生な街並みといい、四〇年前のインドのカルカッタ（コルカタ）やボンベイ（ムンバイ）の風景に似ている。街はこれ以上汚くしようがないほど汚れていた。

世界初の黒人による共和国

現在のハイチの話に入る前に、同国の歴史を説明しておこう。

ハイチは一四九二年、コロンブスによって発見された。同地には一〇〇万から三〇〇〇万人の先住民が住んでいたが、その後入植したスペイン人によって絶滅させられた。

スペイン人たちは金鉱山で彼らを奴隷として使役し、疫病や過酷な労働で死なせてしまった。その後もスペイン人たちは、西アフリカから奴隷を連れてきて植民地経営を継続。しかし、植民地争奪戦のなかでスペインは、フランスの攻撃に対抗できず、一六九七年に同地はフランス領となる。

フランスはスペインと同じようにアフリカから黒人を連れてきて、サトウキビとコーヒー豆栽培のプランテーションを始め、巨万の富を得た。ところが、一七八九年にフランス革命が起こると、その影響を受けた同地の奴隷たちが反乱を企てた。奴隷たちは白人地主を処刑し、フランスに宣戦布告、自治憲法を公布するに至るが、ナポレオンが派遣した軍によって鎮圧される。

その後、再び立ち上がり、英国の支援を受けてフランス軍を駆逐。一八〇四年に独立を宣言し、世界で初の黒人による共和国が誕生した。

華々《はなばな》しい黒人国家の誕生だったが、ハイチの独立を承認する国が現れなかった。それどころか、フランスから独立の承認を得る代償として莫大な賠償金を支払うことになる。賠償金は、サトウキビの価格が下落しなければ返済できる見通しだったが、その後ヨーロッパで甜《てん》菜糖《さい》が生産されるようになり、サトウキビの価格が下がり、ハイチの経済を苦しめることになったのである。

難しい復興と開発の線引き

ハイチに到着した午後、日本大使館を訪ねた。何のアポもない飛び込みだ。見知らぬ外国に行ったとき、大使館に駆け込んでレクチャーを受けるのが私の習性となっている。これは新聞記者の役得だ。大使館がいちばん信頼できるデータを持っているし、現地にいるので何よりも情報がビビッドだからだ。

大使館に入ると、エックス線で荷物をチェックする機械が設置されているのが物々しく感じられる。実際、カメラもテープレコーダーも持って入れないほど厳重だ。

出てきたのは、まだ若い政治専門調査官の石山晃一郎《いしやまこういちろう》さん。三〇歳で独身だという。

「どうですか、復興のほうは？」私が訊くと、「遅々として進んでいませんねえ」と石山さん。

やっぱりそうかと思ったし、その言葉が現状をすべて語っている気がした。

石山さんのレクチャーは、次のようなものだった。

地震の被害が大きかったのは首都のポルトープランスと、それを含む西県。この国の九〇パーセントは山。人々は高台と低地に住むが、富裕層は高台に、貧困層は低地に住んでいる。日本大使館は高台にある。

地震の被害は低地のほうが大きかった。理由は震源に近いことと、耐震性を無視して建てた家が多かったからだ。富裕層の家は、最初から頑丈《がんじょう》にできているから被害は少ない。だから、震災後、経済格差はますますひどくなっているという。

特に、ムラートと呼ばれる混血の人たちが裕福だ。この国の経済を牛耳《ぎゅうじ》っているのは、十数家族のムラート。彼らは、スーパーマーケットやホテルなどを経営し、国連や援助機関が金を落とすので、援助太りしているという。

街には数え切れないほど被災者の住むテント村があるが、それでも数は減ってきているという。被災者キャンプを管理する国際移住機関（ＩＯＭ）の発表では、キャンプに住む人の数は最も多かったときには一五〇万人以上だったが、二〇一一年七月までには半減し、約五八万人になっていた。

「しかし、その数字は根拠に乏しいんです。被災者がどこに消えたのか分かっていないようですから。嘘の発表はしていないと思いますが」と石山さん自身も首を傾げる。そして、「それにしても五八万人の被災者がいるというのも異常ですよね」と私に同意を求めた。私もうなずくしかなかった。

この国は観光で注目されたこともあった。アメリカのビル・クリントン大統領がかつて新婚旅行で来たと報道されたことで有名になったのだが、いまは、そんなに観光客はいない。地震でいちばん恩恵を受けているのは、隣国ドミニカ。復興のための資材を調達しやすいからだ。かつて、朝鮮戦争で景気が回復した日本のようなものだ。

この国に未来はないのか。

「二〇一一年五月に選出されたマーテリー大統領は元歌手で、国民の間で人気はありますが、野党議員が反対を続けていて首相がまだ決まっていない状態。リーダーシップを取ろうとしていますが、先が見えないですねえ」と石山さんは解説する。

日本の支援は、この国にとってどれほどのものか。

「アメリカ、カナダ、スペインなどの主要援助国には肩を並べられませんが、ハイチ復興基金として三〇〇万ドルを拠出。そこそこの支援はしていますね」

そういったあと、石山さんは奇妙なことを口にした。「すでに、震災前の状態に達しているともいわれるんですが」と。

私は意味がつかめないでいたが、国の経済規模のことをいっているのだと思った。確かにこれだけ援助が入っていれば、かなりのお金が流れ込んでいるのかもしれない。しかし、それは真の意味での復興を意味しない。被災者は相変わらずホームレス状態なのだから。

「復興とは何かというのが問題。復興と開発の線引きが難しいんですよ」と石山さんは顔を曇らせた。

それはそうだろうと思う。もともとが貧し過ぎるからだ。家も持っていなかった最下層の人たちにとっては、震災の支援でテントを支給されたり、一時的にだが食料を支給されたりして、生活レベルが上がったという皮肉な話もあるぐらいだ。どの段階が復興なのかは定義しにくい。

ボディーガードつきの日本外交官

石山さんは、二〇一〇年一〇月の赴任だから、地震の際の状況は知らないのだろうが、伝聞として、次のように説明した。

被災者キャンプ内は、強盗や売春、麻薬などの犯罪の温床と化している。震災直後は、配給はもう略奪に近い状態になった。だから、あらかじめ、塀の外に並ばせたり、チケットを配ったり、軍隊の警備のなかで行ったりした。いまは、食料配給はほとんどやっていない。

現在は、学校を作ったり、給水施設を直したりする支援が多い。「依存体質が強いので、一時的な支援をしないでほしい」とハイチ政府も要望してくるという。何しろ大学卒業者の八〇パーセントが海外に出たまま帰らない。共同体意識がない。ありがとうの心遣いがな

壊れたままの大統領官邸

い。ブードゥー教も、結束力になっているとは思えないと石山さんはいう。

ブードゥー教に言及するのはいかにも政治専門の調査官らしい。この国にとってブードゥー教は大きな役割を担っている。ハイチの独立の際、団結力の源となったといわれている。

以下、一問一答を記す。

――世界でも初めての黒人共和国を打ち立てたハイチ人が結束力を持たないって、どういうことですか。あの独立闘争は何だったのですか？

〈独立したのは、いまよりも生活がよくなるのだったらという気持ちでやったのであって、文化、思想がここで育っているようには思えないですよ〉

――大使館に来る途中、壊れたままの大統領官邸を目にしました。まだ大統領官邸を修理していないようですが、修理の予定は？

〈これは個人的な憶測ですが、官邸を修理すると、復興が終わったかのように思われる。すると援助が入ってこなくなる。また、官邸だけ直すと、「なんだ国民のことより大統領のほうが先かよ」と国民の怒りを買うかもしれないと思っているのではないでしょうか〉

――この国の住み心地はいかがですか？

〈物価が高いので住みにくいです。ほとんどの品物が輸入品。ローカルの卵は高いし、管理が悪いので腐っていたりする。何しろアメリカの物価より高い。アメリカからの輸入品が多いですからね〉

その夜、石山さんと、タイ・レストランで夕食をともにした。最も驚いたのは話の内容ではなく、石山さんがボディーガードを連れて歩いていること。私はいろいろな国で大使館の人たちに会ったことはあるが、ボディーガードを連れている職員を見るのは初めてだった。外務省ではいま、ハイチは最も危険な国の一つに位置づけられているという。私は、そんな危険な国に来たのかと、改めて思った。日本は震災のあとでも街を自由に歩ける。スーパーやコンビニに行けば何でもある。実に平和で豊かな国だ。

約束を守らないハイチ人

二日目、この日は被災者キャンプに行くつもりだった。約束した時間、午前八時に通訳兼ドライバーのジャクソンはホテルに現れたが、もう一人の通訳がいない。実は、私は前日、ジャクソンではおぼつかないので、もう一人、空港でついてきた運転手、アレクシーに通訳の仕事を依頼していたのだ。

ジャクソンは正直そうな青年だが、フランス語なまりの英語が聞き取りにくかった。それに比べてアレクシーは流暢《りゅうちょう》な英語を話したし、機転が利《き》くように思えた。万一英語は見せかけだとしても、被災者キャンプに入るのに、ハイチ人が二人いたほうが何かと心強い。いわば、ボディーガード役でもあった。ジャクソンの携帯電話にはアレクシーの着信番号が入っていた（空港でジャクソンにかけた）から、連絡はすぐに取れた。

「アレクシーはどうした？」

私はジャクソンに訊いた。

「今朝、彼に電話をしたら、別なアポがあるから来られないというんだ」

「別なアポ？　昨日、私と約束したではないか。この国では約束は意味をなさないのか？」

「ハイチでは、みんなそうなんだ。約束を守らないんだ」

ジャクソンはうつむいた。

「さては、別なもっと儲かる仕事が入ったな」

「実は、私もそう思った。でも、彼は自分の代わりに通訳のできる友人をよこしています」

「なに、友人？　そいつはどこにいるんだ」

「下で待っています」

「なぜ、それを早くいわないんだ。ここに連れてこい」

その友人の名はフランス、五〇歳だという。確かに流暢な英語を喋るが、小太りで、ちょっとずる賢《がしこ》そうな目をしていた。

さっそく苦情をいってきた。

「一日二五ドルでは安い。一〇〇ドルか二〇〇ドルは出してもらわないと」

「なに、一〇〇ドル、二〇〇ドルだと。アレクシーは二五ドルでOKしたし、それで大喜びだったぞ。もう、決まったことなんだから」

「私はアレクシーから二五ドルだとは聞いていない。私は、これまでAPやCNNとも仕事をしたことがあるが、彼らは一日二〇〇ドル払ったよ」

そんなことはフランスのはったりだろうし、だれかから聞いた話に違いないのだが、

「あのなあ、CNNやAPは大会社だから、それだけ払えるだろうが、俺は今回自腹で来て

いるんだ。できるだけ節約したいんだ。ここにいる運転手のジャクソン君だって、一日二五ドルだ」

「わかった。でも、最低六〇ドルは出してもらわないと……」

私は、本当は切りたかったが、その日の仕事は重要だ。ほかの通訳を探す時間もない。

「では四〇ドルでどうだ？」

彼は首を横に振った。

「じゃあ、四〇ドルプラス昼飯だ」

「五〇ドル」

「五〇ドルだと昼飯はないぞ」

「好きなように……」

こうして、交渉は成立した。

被災者が自分で建てた小屋で

われわれ三人は、首都ポルトープランスのダウンタウンにある大統領官邸周辺の被災者キャンプに向かった。官邸はあのテレビのニュースによく出ていた、地震で崩れ落ちた白い立派な建物だ。前日、車での移動中、その周辺に掘っ立て小屋やテントがいっぱいあるのを見ていたから、被災者キャンプの存在は知っていた。

大通りに面した大きな公園に掘っ立て小屋やテント、簡易トイレが所狭しと並んでいる。トイレには「ユニセフ」と書いてある。小屋はたいてい木やトタンで組み立てられているが、見るからにみすぼらしいので、被災者キャンプだとすぐに分かる。

私は通訳のフランスに、この公園にどれぐらいの小屋やテントがあるのか訊いた。フランスは、「まあ、よく分からんが、八〇〇軒はくだらないだろうな」という。当てにならない数字だとは思うが、まあ膨大だというのは分かる。

「だれが、ここに住めと命令したのだ？」と訊くと、首を傾げる。

おそらく、だれかが「被災者はここに住め」と決めたわけではなく、自然発生的に集まっているに違いない。だから、市内の至るところに被災者キャンプがある。空き地がありさえすればテントがある。日本のように、避難所があらかじめ決められているわけではないのだ。もともと、防災という概念がない。地震に対する建築基準もない。だから、東日本大震災の一〇倍以上もの被害が出るのだ。私の連れている運転手と通訳の二人は、幸運にも家も家族も無傷だという。

自衛隊の資料によると、死者約二二万人、負傷者約三〇万人。被災者約三七〇万人。建物の被害は首都ポルトープランスでは全体の八〇パーセントという。

大統領官邸の目前に広がる被災者キャンプ

私は、車を止めた大通りに立って、しばらく様子を見た。果たして安全なのかどうか。被災者の動きや表情を見る。それで、どれだけ憎しみやストレスを溜めているか見当がつくからだ。あまり多いと危険だ。それは主に目に表れる。

意外に穏やかな表情をしている。普通の人とそんなには変わらない。

私は目の前にいた男に声をかけた。もちろん通訳を介してだ。

「この小屋はだれが建てたのか?」

男は、普通に世間話でもするように、

「私が自分で建てた。雨もりがするから快適だとはいえないけどね」

「材料は、どこから持ってきたのか?」

「自分の壊れた家からだ。ここからそんなに遠くない」

家のなかを覗くと、ベッドや鍋が見えるが、テレビもある。近所の人たち数人が入り口前に座ってテレビのスポーツ番組を見ている。

「なぜ、テレビがあるのか？」

「これだけが唯一残ったものだ。あとは手元にあった少しのお金だ」

「震災に遭ったときの状況を話してくれないか」

「ああ、あの日は、私は自分のガレージに向かって歩いているときだった。地面が大きく揺れたんだ。初めての体験だったので、何がどうなったのか分からなかった。近くの家は倒れてくるし、人々は泣き叫ぶし、正にパニック状態。もう自分も終わりかと思った。揺れが収まり、心が落ち着くと家族のことが気になり、そのまま家に向かった。家とガレージは同じ場所なんだけど、家のそばまで来ると、妻と息子がいた。無事だったので抱き合って喜んだよ。二人は宝くじを買いに行ったんだといっていた。

家族は三人暮らしさ。その日は、潰れた家の下から何とか毛布や敷くものを引っ張り出し、道端で寝た。寝たというより、夜を明かしたというべきかな。とても不安で眠れたもんじゃなかった。食べるものもないしな」

男の名はチャブマン・マルセル。三七歳。娘もいるらしいが、祖母の家で暮らしていると

トタン板で作った家の前に座るチャブマン・マルセルさん夫妻

いう。職業はオートバイの修理工で、小屋の前にはバイクが数台置いてある。

「あれは君のバイクか?」と訊くと、「違うよ。あれはお客のバイクだ」という。

「お客って、じゃあ、君はここで修理をやってるの? ここは公園のなかだし、キャンプのなかじゃないか」

「そんなの関係ないよ。お客が直してくれって来れば、どこででも直すよ。震災から二週間もすると、馴染《なじ》みの客が来たよ。そりゃ、元のように店を持ちたいよ。大家がいま建て直してるけど、今度家賃を値上げするらしいから、とても借りられない。ここで商売するしかないよ」と話す。だからといって、自分の運命を嘆いている風でもない。あっけらかんとしている。

「地震のあと、どうやって生き延びたの。救援はすぐ来たの?」

「救援が来たのは何週間も経ってだよ」

「じゃあ、どうやって?」

「しばらくは、クッキーなんかを買って、飢えを凌いだよ。それが高いんだ。普段の一〇倍ぐらいに値上がりしてな」と、たんたんと喋る。別に苦労だったという風でもない。

「水? 水は給水車が持ってきてくれたけど、最初の半年ぐらいだけ。それ以後は自分で近くの水道のあるところまで汲《く》みに行ってる。ドロボー? そりゃいるさ。でも、ここで見張ってる分には大丈夫さ」

電線から直接コードを引っぱって

私は、用心しながらキャンプ内に入っていった。運転手兼通訳のジャクソンは、「車のなかにいるよ。車が盗まれると困るから」とついてはこなかった。私はフランスだけ連れて歩くことにした。やっぱり、二人連れてきて正解だったと思った。

テントとテントの間にヒモを通し、洗濯物などが干してある。豆汁などを煮炊《にた》きする姿も見える。洗濯していたり、座ったり寝ころんだりしてお喋りをしている。子どもたちはテントとテントの間にできたスペースで、布でできたボールを蹴ったりして遊んでいる。そんな

被災した姉妹、ジロナさん（右）とジーセナさん

日常風景にカメラを向けると、「ダメだ」「写真を撮るな」「金を払え」などの罵声《ばせい》が飛んでくる。

靴を修理する男性がいたので、そばに座って、話を聞いた。

名前はエドモ・リモ、四二歳。このキャンプに住んでいるわけではなく、毎日いろんな場所に出没する。いわば、靴修理の行商のようなものだ。

「家は無事だったが、親戚五人を亡くした。震災でたくさんの客がいなくなったので、生活は苦しいさ」と半分怒ったように話す。

「一日いくらぐらい稼ぐの？」

「一生懸命やってるけど、一日一〇ドルぐらいかな。子どもが四人いるから楽じゃないぜ」

「女房? 女房は、震災のあと、どこかの男が連れていったさ」とふてくされている。可哀想というよりも、滑稽《こっけい》な気がした。震災はそんなところにも影響をもたらすのだ。心理的な変化か、それとも彼の稼ぎが減ったから逃げたのかもしれない。そう思ったが、言葉をのみ込んだ。

すぐそばに若い女性二人が退屈そうに椅子に座っていた。

姉妹だという。姉はジロナ・ジェルドゥルイド、二六歳。妹はジーセナ・ヴィニーズ、一九歳。姉はブティックを経営していた。そのブティックではエステもやっていたが、震災で潰れたという。

職業柄、美人でセンスもよさそうだ。いまは、その店に残っていた化粧品を使って、キャンプに住む人にマニキュアやペディキュアをやってあげている。だから、姉妹の傍らには、それ用の化粧品が置いてある。鏡もなければ、ドライヤーもない。申し訳程度の化粧品があるだけだ。しかし、金のない被災者がマニキュアやペディキュアをやるのだろうかと、不思議に思ってしまう。

「二人で住んでるの?」

姉妹はうなずく。

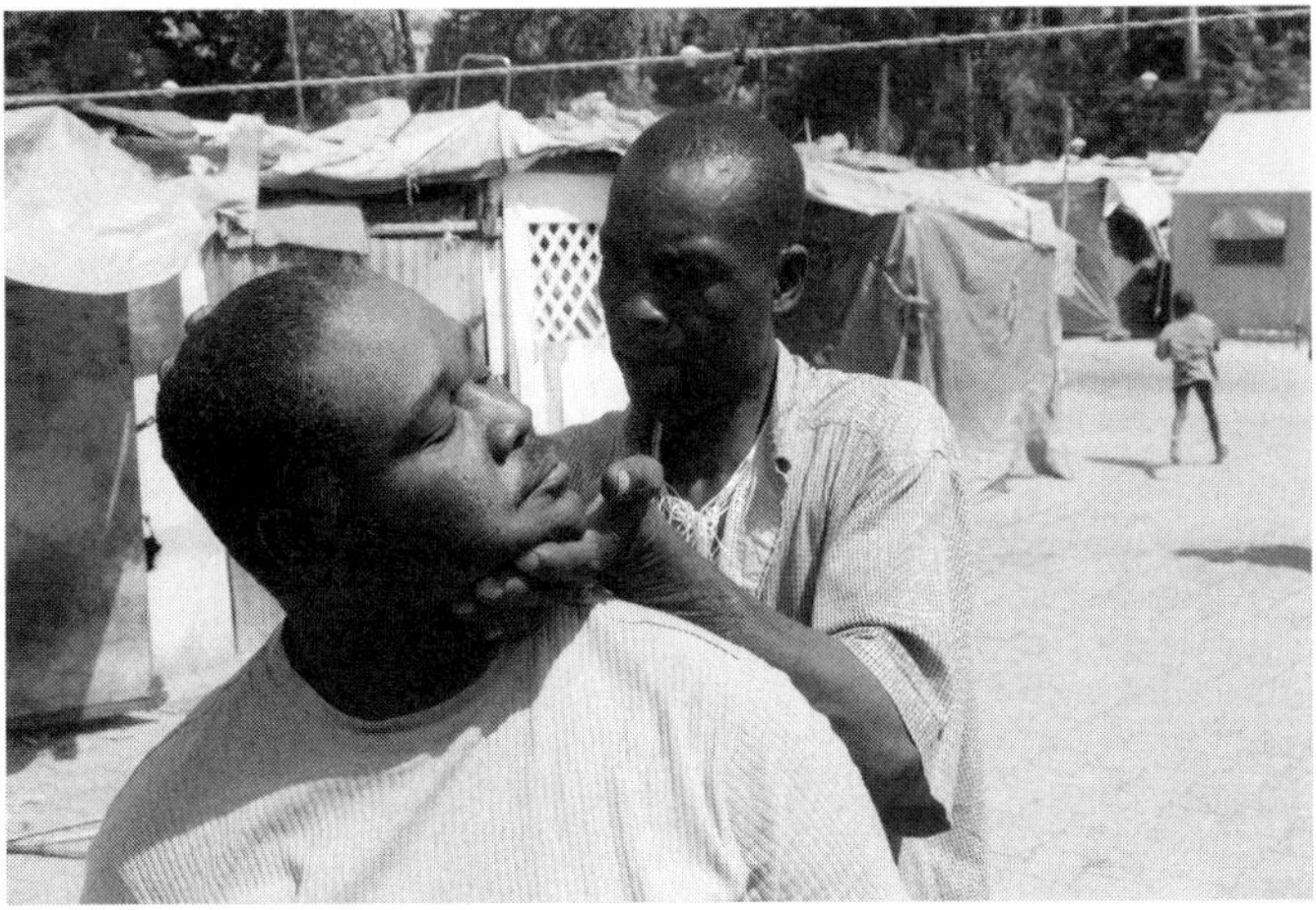

リモさん（右）にマッサージを受けるフランス

「二人でこの小屋を建てたの？」

「ほかの人に金を払って建ててもらった」と答える。

「両親は？」

「郊外に住んで農業をやってるわ」

「どうして、両親と一緒に住まないの。キャンプにいても仕方がないでしょ」

「キャンプっていっても、ここは大統領官邸のそばで、街のど真ん中よ。人通りが多いので、少しは客はいるわ。店の再開のチャンスがあるかもしれない。だいたい、ここ家賃もいらないからね。電気だってあるし」

「電気代、払ってるの？」

「払うわけないでしょ」

このキャンプの住民は、皆、電線から電気のコードを引っぱってきて、勝手に使っているようだ。確かに、ここは立地条件がいい。日本でいえば、国会議事堂前か日比谷公園に小屋を建てて住んでいるようなもの。人通りがあるから、何とか生きていけるのかもしれない。

姉妹と話している間、フランスは座ったまま、靴修理のリモさんにマッサージをしてもらっている。腕をねじったり、首を曲げたりと、大ざっぱなマッサージである。日本や中国、タイなどのマッサージに比べると洗練度が違う。とても原始的で滑稽なのだ。しかし、私は黒人がマッサージをしている姿を初めて見たので、訊いてみた。

「リモさん、あなたはマッサージもできるの？」

リモさんは、

「俺は、陸上の選手だったから、その頃覚えたのさ」とスタートを切る恰好をしてみせた。なるほど、そういうときに覚えるのだ。それにしてもフランスは、気持ち良さそうに、ウーン、ウーンと声を発しながらマッサージを受けている。この日、通訳代五〇ドルが入るから大船に乗ったつもりでやってもらっているのだ。

フランスのマッサージが終わると、リモさんは、姉のジロナさんのほうに歩み寄り、「もういい、取り外して」と声をかけた。

ジロナさんは、Tシャツをたくし上げると、白い腹巻きのようなものを外した。それはプラスチック製で、電気コードがついていた。電熱器のようなもので、おなかを温めるものだろう。見ると中国製である。

「どうかしたの。病気か？」私が訊くと、「そう、彼女はおなかの調子が悪いらしいんだ」とリモさん。

リモさんは、靴は直すし、マッサージはするし、何でも屋なんだと思った。こんな安っぽい道具で病気が治せるとも思えないが、彼らにとっては最新の医療機器なのだ。皆真剣な表情でそれぞれ自分の〝役割〟をこなしている。何と素朴な世界だろう。私はタイムスリップして、江戸時代にでも迷い込んだかのような感覚を持った。

キャンプの自治会長は何を語るか

次に、空港近くのキャンプを訪ねた。もうすっかり陽が高くなり、暑いなんていうものではない。湿気も多いので重量感のある熱風がのしかかる。歩みが自然に重くなる。

市内から空港につながる国道の横に白っぽいテントが連なる。その向こうに離陸する飛行機が見える。

道とキャンプの間には小さな川が流れているのだが、ゴミだらけで、目を覆いたくなる。それでも写真を撮っていると、キャンプのなかから男が何ごとかを訴えている。どうせ、

「写真を撮るな」といっているに違いないと思い、無視してキャンプに入っていくと、その男が私の前に立ちはだかった。フランスに「何ごとだ?」とうながすと、「彼は、このキャンプの自治会長のようだ」と説明した。

「そうか、責任者か。じゃあ、ちょっと訊いてくれ」

フランスは、現地語のクレオール語で自分たちのことを説明している。

「OK、何でも質問してくれといってる」

「テントの数を訊いてくれないか」

「一一二〇だ。スペイン赤十字が管理しているそうだ」

「いつから、このキャンプはあるのか?」

「震災一週間後からだ」

「だれが集めたんだ?」

男は質問の意味がつかめないようだった。フランスが口をはさんだ。

「だから、そんなの自然に集まってきたに決まってるだろ。見てみろ、ここは草原になってる。スペースがあれば、だれだってテントを建てるよ」

「分かった、もういい。では、配給の食料や水はあるのか?」

「今年の三月から止まっている。水も、近くの水道に汲みに行ってる」

空港近くに広がる被災者キャンプ

そうか。もう配給はしていないんだ。もう自分たちで生きろということか。まあ、キリがないものなあ——そう思った。

「いまいちばんの問題は何か？」

「六五人がコレラにかかっていることだ。それにマラリアにかかる者も多い」

「そうか、まだコレラ患者がいるんだ。では、どう対処しているんだ？」

「政府が動いてくれるのを待っているだけだよ」

「うーん、どうしようもないな。君の名前は？」

「フィネル・ブラン、三三歳だ」

「仕事はあるのか？」

「ビジネスをしながら大学に通っている」

「どんな仕事だ？」

「車の部品を販売している」

そうか、こいつは仕事がちゃんとあるんだ。だから、キャンプにいながらも身なりがいいんだ。

私は、フィネル・ブランを連れて、キャンプのなかを見て歩いた。

キャンプ内はとても清潔とはいえないが、商売をしているテントが多い。わずかなお菓子や野菜をテントの前に並べて売っている。どこで手に入れたのか、中古の靴を並べているテントもある。それも、赤ん坊の靴たった一つだけだったりする。

「今年の七月に、大雨で川があふれ、テントが水びたしになったんだ」とフィネルさんが説明する。ハイチは、地震は一〇〇年に一度だが、ハリケーンは毎年のようにやってくる。そのたびに洪水が起こり、死者も出る。

洪水が起こるのは、ハイチの山の九〇パーセント以上が伐採され、はげ山となった山に保水力がないからだ。ハイチ独立の際、フランスに払う賠償金を生み出すために、政府が伐採し売却したとも、ナポレオン軍が遠征してきたとき、ゲリラ的に闘う奴隷解放軍の隠れ家をなくすために切ってしまったともいわれている。しかし、貧しい国民が調理の際の燃料にするためや、炭作りをして現金収入を得るために木を切ったことが山を荒廃させた大きな要因ではないだろうか。街の市場を見ると、炭売りの跡らしく、地面が真っ黒になっていたりする。

テントのなかで洗濯しているおばさんに話を聞こうと思って地べたに座ったが、笑ってばかりで、インタビューにならない。やっと話したと思ったら、周囲に集まった人が「嘘ばっかり」という。これでは仕事にならない。私はさっさと引き揚げることにした。

帰り際、キャンプを振り向くと、テントの上方に大きな看板が見えた。フランスに「何て書いてあるんだ？」と訊くと、「希望をなくした人、神が希望を与えますという意味だ」という。

「何だ、宗教の勧誘か」

私には、ひどく皮肉なコピーのように思えた。

仮設住宅の中身

車に戻ると、むせ返るような暑さ。このままホテルに戻りたかったが、運転するジャクソンが「ホテルに帰る途中に、仮設住宅を見に行こう」という。「もうランチタイムなのに」と思ったが、途中ならばと寄ることにした。

仮設住宅は、すぐにそれと分かった。広い敷地に同じ形の新品の家が並んでいる。こういったものは、世界中似た趣《おもむき》があるのだ。

寄ってきた住民に訊くと、ハイチ赤十字の管轄で三七三戸の住宅があり、契約は二年だという。日本と同じようなものだが、日本と異なる点がある。それは、電気と水道がないこと。それに、仮設住宅は少ないので、入居できるのはハンディキャップを持った家族がいる人たちに限られるという。電気はなくとも暮らせるが、水は重要だ。水は給水車が数日に一度運んでくれるのだという。

私は、一軒の住宅に入れてもらった。広い一部屋だったが、テーブルやベッドにタンスや水タンクなどがある。思ったよりきれいだ。これまでテントや掘っ立て小屋ばかり見ていたので、そう見えるのかもしれないが、いや、これは被災者ではない普通のハイチ人の家よりも立派かもしれない。

その家の住人、オギスタ・シジェットさん（四七歳）は三人の娘たちと暮らす。夫を地震で亡くしたから仮設に入れてもらえた。三ヵ月に一度一五〇ドルの義援金が配られるというが、それでは不十分で、親戚にときどき食事をごちそうになるのだという。

「娘はまだ中学生と高校生だからね。どうなるのか」と不安げだ。

「ほかに困っていることは？」と訊くと、「雨が降ると、洪水で流される心配がある。それに、この仮設住宅には警備員がいないので、泥棒が入るんだ」という。

「そんな馬鹿な。被災者の仮設住宅に泥棒が入るわけないだろ。入っても盗《と》るものがないだろう」

そういうと、「いや、それでも泥棒に入られる。鍋でもやかんでも何でも盗んでいく」という。

何というひどい国だと思った。被災者にも容赦《ようしゃ》ないのだ。

その家を出ると、われわれを待っていたように、男が話しかけてきた。

「何ていってるんだ？」

フランスに訊くと、「自分の家も見てくれといっている」という。

あまりにも熱心だから、見ないわけにいかない。

その男が終わると、別な女も見に来てくれという。

こっちはおなかも空き、ぐったり疲れているのにと、すこしうんざりしてきた。しかし、なぜ見せたがるのか理解できない。

被災者キャンプでは「撮るな、撮る

仮設住宅でのオギスタさん（右）と娘

な」と嫌われてばかりなのに、どうしてここでは取材してくれというのか。

考えられることは、自分たちが仮設住宅という大きな恩恵を受けることができたのは、報道機関が世界に伝えたからだと認識したからではないのだろうか。もし、自分たちの状況をさらに世界に知ってもらえれば、もっと恩恵を受けられるに違いないと、彼らは学習したのではないかという気がした。

ハイチのスモーキーマウンテン

ホテルでシャワーを浴びたあと、スパゲティーを食べた。時差の影響もあり、何もする気がしないのだが、ジャクソンが部屋まで迎えに来た。体を奮い立たせ、ハイチのスモーキーマウンテンといわれる国連のゴミ捨て場に行くことにした。最も貧しい人たちの住むところだ。その情報は、日本を発つ二日前に友人から得たものだった。

そこはポルトープランスから北へ車で約一時間走ったところ、ザン・トゥーチーと呼ばれる地区にあった。

異様な光景。地面はほぼゴミで埋まっている。遠くにゴミ収集車らしき車が何台かあり、そばに人々の影が見える。ゴミを燃やしているのか煙も立ち上っている。正にスモーキーマウンテン。日本でいえば東京・江東区の夢の島。夢の島と違うのは、一般の人がたくさんい

スモーキーマウンテンのなかの集落

るということ。彼らは、ゴミのなかから残飯を探し出して食べ、ペットボトルや金属類を集めてはリサイクル業者に売って生活しているのだ。

私が車を降りて撮影に向かおうとすると、阻止する人たちがいる。

「おまえ、撮影許可を持っているか?」と迫る。

「持っていないよ。どこで許可をもらえばいいんだ?」

私の質問には答えず、「許可がないと撮ってはダメだ」という。

通訳のフランスが割って入って、事情を説明している。彼らもなかなか後に引かず、激論を始めた。

カメラを持って撮影していた白人の男が何

ごとかと近づいてきて、「私はNGOのメンバーで、ここで四年も活動しているから撮ることが許されているんだ」と声をかけてきた。

そんなに大変なことなのか、この日の撮影は無理かもしれないと思うが、推移を見守るしかない。そのうち、フランスが戻ってきていう。

「彼らは、ちゃんと自分たちの状況を理解してからじゃないと撮影してはダメだというんだ」

「それで?」

「それで、彼らが最初に彼らの村を案内するから、そちらの状況をちゃんと見てから、こちらのゴミ置き場を撮影しろというんだ」

「ああ、いいよ。村を見ようじゃないか」

それは、私にとって好都合だった。村を見ることは最初から念頭にあった。私は彼らに従った。村はすぐそば、二〇〇メートルも歩けば着いた。そこもスモーキーマウンテンの一画で、ゴミの上に掘っ立て小屋が何軒か並んでいる集落だった。

案内役は五、六人。われわれは小さな集団となって歩いていた。なかにリーダー格の〝村長〟もいた。村長は「撮れ、撮れ」と私をうながす。村の人が嫌がるが、村長や男たちが撮らせるよう説得している。私にとっては極めてラッキーで、最初に阻止した理由がよく分からないでいた。

ゴミの間を縫うように歩く。金属類、ペットボトル、紙類と分けて置いてある。ときどき水溜まりがあり、ブタが水浴びをしていたり、犬が水を飲んでいたりする。ここでは、ゴミも人間も動物もごっちゃになって存在している。

母と四人の兄妹らとゴミを拾って暮らすカデ・ジュナスさん（一五歳）は、貧民街のシテイソレイユに住んでいたが、政権抗争の末、内戦状態になったので逃れてきた。「父を病気で亡くし、次男である自分が働いて家族を養いたいのだが、一日中ゴミを拾っても一ドルにもならない。地震で学校も壊れたし、夢なんか持てないよ」と話す。

妊娠中のジュレン・ルイシャールさん

二人目の子どもを妊娠中のジュレン・ルイシャールさん（一九歳）も、やはりシティソレイユから二〇〇五年に逃げてきた。「主人と一緒に暮らしているが、ゴミ拾いでは食べていくだけで精一杯。自分も働きたいのだが、仕事は簡単には見つからない。いまゴミ焼きの煙が赤ん坊の健康を害するのではないかと心配している」という。

ゴミの集積地に戻ると、ちょうどそこへゴミ収集車が到着した。男たちは収集車の上や横にへばりつくように乗っている。いいゴミを早く得たいがために、到着前から群がっているのだ。集積地では大勢の人が待っている。

ウィーン、ウィーンと収集車が荷台を傾けると、ゴミがドドドッと落ちていく。われ先にと人々がゴミをあさり始める。黒いビニール袋に収穫物を入れる。紙、布、缶、ビン……何でもある。なかには何の料理か判別できないが、残飯の塊が袋のなかからはみ出しているのが見える。それを老婆《ろうば》がどうやって持ち帰ろうかと思案している。

まるで食べ物に群がる虫のようだ。私は、近寄ってシャッターを押す。私に気づいた人たちが顔を強《こわ》ばらせ、「撮るな！」と叫ぶ。飛びかかってきそうだ。私は一瞬ひるむが、いつの間にか私の後ろに来ていた村長が、「私がここにいるぞ」とばかりに腕を組んで、彼らを睨《にら》みつけている。私は、守られているのだ。

撮影し終わると、陽が傾きかけていた。ゴミの山とそれに群がる人々は、その向こうにたなびく煙と対をなし、美しい夕景のなかにあった。

危機から脱出する値段

私は、疲れた自分の体を車のなかに引きずり込むと、フランスが何かささやいている。

「ユー・ハフ・トゥー・ペイ・サムシング。ルック！（金を払いなさい。ほら、見なさい）」

窓の外を見ると、村長と男三人が物欲しそうにこちらを見ている。私は、運転手のジャクソンにどうしたものかと目配せした。ジャクソンは、「払ったほうがいいよ。ほら、周囲を見てみろ。ほかの車はもういない。われわれが最後だ。もし、払わなかったら、あなたのカメラとカバンは全部持っていかれるよ」と小さく口を動かした。

「本当か？　彼らの目的は最初からそれか？」

「そうだと思うよ。彼らは何をするか分からない。暗くなる前に帰らないと」とおびえている。私は、財布のなかから一〇ドル札四枚を出し、フランスにこっそり手渡し、「一枚ずつだぞ」と耳打ちした。フランスはそれを握りしめ、車から出て一人の男に渡した。ほかの男たちは一瞬にしていくら入ったかを判別したらしく、不審を浮かべた表情が笑顔へと一変した。そして、それぞれに「サンキュー、サンキュー」とお辞儀するのであった。思っていたより額が大きかったに違いなかった。

われわれ三人にも笑顔が伝染し、彼らと別れの挨拶をした。

帰り道、私が「今日はいい勉強をしたな」と声をかけると、ジャクソンは「本当だよ。俺、ここに来たの初めてだよ。こんなところがあるなんて」と興奮している。フランスは「村長のヤツ、俺に携帯電話の番号を教えやがったぜ。今度来るときは電話しろだってよ。また儲けたいんだ、やつら」とはしゃいでいる。

危機から脱出したわれわれは幸福だった。

第五章　ハイチで闘う日本人

ハイチの自衛隊員たちの矜持

ハイチには四〇〇人近い邦人がいる。そのうちの約三二〇人がPKOで来ている自衛隊員。残りが復興援助に来ているNGOスタッフや大使館職員やJICAから派遣された人たち。商社マンがいないのは、この国は危険過ぎるし、貧しいのでビジネスが成立しないからだ。

私は、日本人の活躍を見てみた。

最初は自衛隊。日本で取材を申し込んでいたので、問題は何もなかった。自衛隊は、アポの確認を取るため、前日に私のホテルまで隊員を派遣するほど任務に正確さを期していた。ところが、当日の朝、私は通勤ラッシュで一時間近くも約束の時間に遅れた。

この国のラッシュはすさまじい。富裕層は山の手に住み、ビジネスは主として下町（ダウンタウン）で行う。自家用車を持っている人たちは主に山の手に住んでいるから、朝は上方から下る道が、夕方は逆方向が必ず混む。山道だから一本道で逃れる脇道がない。はまったら最後だ。交通の時間が読めないから、仕事をするには不便このうえない。

「この国の道路事情は劣悪ですからね」

そういいながら、自衛隊のハイチ派遣国際救援隊の橋本功一《はしもとこういち》隊長は、遅れて到着した私を

ハイチ派遣国際救援隊の宿営地入り口

迎えてくれた。白い地面でだだっ広い宿営地は、東京ドーム本体面積に近い約四万平方メートル。トラックや道路工事のための特殊車両などが並ぶ。その向こうにプレハブの事務所や宿舎が続く。なかに入ると、冷房が十分に効いている。

隊長は、ハイチの印象を、「アフリカの飢えた人たちのように思っていたが、意外に身綺麗で、ガリガリの栄養失調の子どもたちはいない。食べる物は比較的あるようだ。しかし、車が多い。タクシーが勝手にどこでも止まるもんだから、マナーもへったくれもない。安全管理には十分気をつけるようにと隊員たちにいってあるんです」と話す。

ハイチの印象は私と違った。しかし隊長の見方も正しい。地震のあとだし、支援に来るぐらいだから人々は飢えていると思ったに違いない。

アフリカで飢えがあるのは、サバンナ気候や砂漠気候の地域だ。熱帯雨林ではあまり飢えはない。多分、熱帯雨林ではバナナやマンゴーなどの樹木が自然に生えているからだろう。

着るものが綺麗なのは、ハイチの人たちのルーツと関係がありそうだ。昔ハイチに連れてこられた奴隷は、ベナンやセネガルなどの西アフリカ出身だ。あの辺は現在でもそうだが、「着倒れ」といわれるほどファッションに気を遣うことで有名だ。食べるものを減らしてでも、服に金を使う。その文化を受け継いでいるのかもしれない。

自衛隊がハイチに入ったのは、二〇一〇年の地震のあった翌月。中央即応集団、北海道の北部方面隊、北東北の第九師団、近畿地方の中部方面隊と続き、九州の西部方面隊が二〇一一年八月末に入ったばかりで、帰国は半年先だった。

「四次隊が褒められるので、われわれもプレッシャーがかかってるんですよ」と隊長は笑った。

自衛隊が一翼を担うのは、国連のハイチ安定化ミッション（MINUSTAH）。二〇〇四年に設立され、約五〇ヵ国から一万人近い文民と兵士が参加しているが、軍事部隊として大人数が入っているのは二十数ヵ国。地震後、増員されたりしている。

「ブラジル隊がいちばん大きな部隊で、日本は中ぐらいではないでしょうか」と隊長。

私がハイチに入ったころ、国連のウルグアイ軍兵士が一八歳の少年をレイプしたという事件が発覚した。そのことを話すと、隊長は、

「信じられない事件ですね。自衛隊ではあり得ないことです。こちらに来て思ったのは、日本人は真面目《まじめ》だなと。時間は守るし、約束は守る。それが当たり前だと思っていたら、外国では当たり前じゃないんですね」

という。

隊長は、東日本大震災の災害支援にも参加している。東北との違いを、

「東北では、被災者も何かしているが、ここでは、何もせず談笑している姿が多いですね」

と話す。

自衛隊員の食事は日本食だ

隊長だけでなく、隊員にも訊いた。施設器材中隊の野田正剛《のだまさたけ》小隊長（四一歳）、施設中隊の上杉孝司《うえすぎたかし》二曹（三二歳）、警備小隊の藤村一馬《ふじむらかずま》士長（二一歳）。三人とも希望してハイチ

に来たという。

野田小隊長は、「定年までに一度は海外派遣を経験したかった。ここの建物はきちっとした建物じゃないので崩壊したようです。しかし、ハイチの人たちは明るくて、よく手を振ってくれたり、握手を求めてきたりするので、期待されているのかなという気になります」。

上杉二曹は、「三月に福島にも行きましたが、福島に比べればこちらのほうが車も人も多いので、復興しているのかなという気がする」と話す。福島では、道路や港のガレキ撤去をした。一日の睡眠時間は四時間ぐらいだったとか。相当にきつかったようだ。しかし、「役に立ちたいから、泣き言はいってられません」という。

日本が大変なときなのに、海外に救援に出ている場合かという意見もありますが、それについてはどう考えますか？――と意地悪な質問をすると、野田小隊長は、「甲乙つけられませんね。どちらも重要な任務。ハイチ派遣も、日本の安全保障にとっては大事ですから」と優等生的回答が返ってきた。

それよりも驚いたのは、三人とも、「自分たちがここに派遣されたことで、日本に残留している隊員たちが、自分たちの抜けた穴を埋めていてくれることが心苦しい」という。この気の遣い方は、やはり日本人独特のものだと思った。これが日本の団結力を強めているのだ。

宿営地で日本食のランチをご馳走《ちそう》になり、午後、隊員たちの作業を見学した。国連世界食糧計画（WFP）のテント設置のための整地をしていた。タイヤローラーとグレーダーという特殊車両での作業。こういうことをやらせると、日本の技術は天下一品なのだ。

余談だが、自衛隊の人たちは全員マラリア予防薬を飲んでいるし、ジフテリア、腸チフス、狂犬病、ポリオなどありとあらゆる予防接種をしてきているという。

それは過保護だという見方がある。日本食も贅沢《ぜいたく》だといわれたりする。しかし、自衛隊が安全に最大限に気を遣うのは当たり前なのである。部隊のなかで、病気で一人犠牲者が出たとすると、その影響は一人だけにとどまらず、部隊全体に波及する。だから、部隊は、リスクを可能な限り排除しようとするのだ。

ただ私はといえば、何の注射もしてきていないのだった。

貧民街での撃ち合いとレイプ

ハイチでは、ワールド・ビジョン・ジャパンやAMDAジャパンなど、いくつかの日本のNGOやNPOが救援活動をしている。私はその翌日、NPOの一つ「ピースウィンズ・ジャパン」を訪ねた。

ピースウィンズ・ジャパンは一九九六年に設立。イラクのクルド人難民を支援したのが始まりで、アフガン、東ティモール、南スーダン、スリランカ、モンゴル、日本の東北などで活動。外務省からの支援金や一般の寄付金などで運営されている。ハイチでは二〇一〇年の地震直後から、家を失った人たちにテント四五〇張りを配布したり、被災した学校の再建や修理などをしたりしている。現地責任者の山元《やまもと》めぐみさん（三四歳）が活動現場を案内してくれた。

ポルトープランスの中央部にあるミクステ・ナザレ小学校は約五〇〇万円かけて建て直したという。学校の向かい側の家の庭でテント暮らしをするルゼワ・クレンシリアさん（四八歳）は、九歳になる娘を通わせている。本人は二八年間も病気で、ここ一〇年は仕事もしていない。震災のときには、息子が担ぎ出してくれて助かった。友人や教会のお世話で生きていられるが、将来が不安だという。ピースウィンズ・ジャパンについては、「感謝している。日本にも大震災が起こっているのに、帰らないでくれてありがたい」と手を合わせた。

ピースウィンズ・ジャパンがテントを配布したアンコー・キャンプには、七六〇世帯の被災者が住む。ピースウィンズ・ジャパンのテントに住む一八歳と一五歳の姉妹は、「借家だった家が壊れて、何もなくなったけど、テントの支給で命拾いした。希望は何もないけど、頑張るしかない」と話していた。

山元さんによれば、新大統領は教育の重視を訴え、初等教育を無料にすると決めた。その

テント村の山元めぐみさんとルゼワ・クレンシリアさん（左端）

ため通常九月から学校が始まるが、二〇一一年は準備を整えるため一〇月スタートにしたという。山元さんは、「それでも、準備が整わない学校や再建できない学校は出るだろう」と心配顔だった。

山元さんにこの国の治安を訊くと、「毎日、何かしらの悪い情報が入ってくる。貧民街のシティソレイユでは特に、強盗事件やギャング同士の撃ち合い、女性へのレイプや身代金を要求する誘拐《ゆうかい》事件などが頻繁に起こっている。だから、私は一人では歩かないし、銀行の帰りにはウロウロしない。怪しげな人がいれば、銀行に入らない。後ろからバイクで引ったくられるケースもあるから」という。

そんな苦労をしてまで、どうしてハイチの

人を助けようと思うのか？——と訊くと、
「高校生のとき、テレビで難民の話をやっていたのを見て、将来助ける仕事に携《たずさ》わりたいと思ったから」
と語る。気負いがなく素直。これも日本人のいいところだと思った。

国立結核療養所を作った日本人

すごい日本人がハイチにいた。ハイチで約三〇年間、結核治療に当たるシスター、須藤昭子さん（八四歳）。

須藤さんは一九二七年に、日本の植民地だった朝鮮半島の北部、咸鏡北道《ハムギョンプクト》の雄基《ウンギ》で生まれた。第二次世界大戦が始まる前に広島に移住し、女学校を卒業後、大阪女子医専（現在の関西医科大学）に進学した。

在学中、兵庫県西宮《にしのみや》市の病院を訪ねる機会があった。その病院は戦争で放棄された状態だったが、カナダからカトリックのシスターたちが来てそれを買い取り、結核病院をスタートさせようとしているところだった。当時、日本では結核は死病だったにもかかわらず、シスターたちは患者を助けようとしていた。

須藤さんは、大変なショックを受けた。どうしてあんなに楽しそうに働いているのか。須藤さんは「自分もこの人たちのように生きたい」と思い、卒業後、修道会に入ったのだった。

その後、日本で結核医として活動していたが、新薬の開発や予防や早期治療が進み、日本ではほとんど患者がいなくなった。ところが、ハイチでは、死因の第一位に挙げられているのが結核だと知り、一九七七年一二月、ハイチに向かった。

来てはみたものの、診察室も患者用のベッドもない。電気も水もない状態。患者たちはむしろの上に寝かされていた。紙も鉛筆もないからカルテもない。薬もなく、患者を治療せず、隔離しているだけの状態だったという。それから三〇年かけて立派な国立シグノ結核療養所を作り上げたのだった。

その話を聞いた私は、須藤さんに電話して会う約束をした。

日本のマザー・テレサの言葉

国立シグノ結核療養所は、ポルトープランスから西に三〇キロほど行ったレオガンにあった。須藤さんは、約束の時間に療養所の前で待っていてくれた。

「場所が分からないと思って待っていたの。運転手さんはよく知ってたわね」と笑顔を見せた。そして、すぐに療養所内を案内してくれた。忙しくて、時間があまりないようだった。

「ここに新しい診療所が四つ建つのよ。でも一年以上かかるでしょうね」と話し始めた。突然説明されても、しばらく意味がつかめないでいたが、要するに、震災でほとんどの施設が崩壊状態。いろいろなところからの援助で再建中のようだった。

周囲を見ると、大きなテントや掘っ立て小屋がある。

「あれは、仮の病室。可哀想に、患者さんはテントのなかで寝てるの。あちらは、仮設の学校」と説明する。

震災時、須藤さんはちょうど日本に一時帰国していたので助かったが、療養所の患者のなかには死亡した人もたくさんいた。生き残った人たちは、いまだにテント生活なのだという。須藤さんは、この国の貧困を見るにつけ、この国をよくするためには結核治療だけでなく、教育や農業や植林の普及が大切だと考え、そうした生活基盤を整える活動もしている。

「でも、地震で振り出しに戻ったわ。また最初から始めないとね」

須藤さんは、はっきりとした口調でいった。表情は明るい。

「ハイチが好きなんですね?」

「好きとか嫌いとかではないですよ。苦しんでいる人がいる。自分が何かできる。それだけです。そう思いませんか?」

「普通そこまでできませんよ。須藤さんのなかには、やっぱりキリスト教の信仰というのが

現地のシスターにも信頼されている須藤昭子さん

あるからではないですか？」

「まあ、そうかもしれないですね。われわれは、できるようにでき上がっていますから。だから来ている。でも、もともとは仏教徒ですから。たまたま出会いがあっただけです」

出会いとは、前述のカナダ人シスターたちのことだ。

「神に対する愛とは、人に施すことで成立します。シスターであればだれでもできる。たまたま私が結核医だっただけ」とたんたんとしている。まったく迷いがなく、極めてシンプルな心をしている。インドで活躍したマザー・テレサもこんな風ではなかったかと思った。私は話を変えた。

「私は、この国の人たちはゴミのなかに住んでいるという気がします。こんなにゴミだらけの国は見たことがありません。いつから、あんなにゴミが？」

「そうですよね。クーデターの後からですね」

「クーデターというと、いつのですか？　この国はしょっちゅうクーデターをやっていますが」

「デュバリエ政権が倒れてからです。その前はゴミ収集車も来て、少しは綺麗だった」

デュバリエ政権は、一九五七年から一九八六年まで親子二代続いた政権で、独裁政治ともいわれたが、独裁がゆえに統制が取れ、政府が機能していた時期でもあった。

「それ以来、政府が動いてないということですか？」

「そうよ。いまも無政府状態じゃない。本当に気の毒。大統領が決まって一〇〇日以上経つのにまだ首相が決まらない」（二〇一一年一〇月四日に選出された）

「震災のあと、結核患者は増えていますか」

「（キャンプでは）あれだけ住居が密集しているんだから病気が広がらないわけがないわね。増えていると思うけど、統計がない。統計が取れれば先進国ですよ」

「この国に未来はありますか？　この国は穴のあいたバケツのようで、いくら援助しても、どんどん水がこぼれている気がするんですが」

「希望を捨ててはだめです。生きている意味がありませんから。大変でしょうけど、少しず

街中ゴミだらけのポルトープランス

つよくなるのではないかしら。私が来た頃は非識字率八〇パーセントだったけど、いまは減ってきている。大統領だって、教育の重要性に気づいている。この国には優秀な人もいますよ」

「優秀な人は外国に出て、帰ってこないじゃないですか」

「この国のお金持ちは、一般の国民とはかけ離れた生活をしている。病気になったら、飛行機でマイアミまで行っちゃうような人たち。この人たちはいっさい寄付もしてくれません。そういう金持ちは相手にすべきじゃない。国を想う中産階級の人たちを養成すべきなんです」

「中産階級っていったって、途上国には中産階級はほとんどいないじゃないですか」

「でも、歩みは止まってはいない。援助を受けるのも時間がかかるのよ」

そういってから、一つのエピソードを話してくれた。

地震の起こった日、須藤さんが主宰して作った農業のグループが、たまたま「接《つ》ぎ木で果物を育てる」というテーマで講習会を開いていた。彼らは、国境なき医師団が救援に入ってきたとき、病人を運んだり、食料を配る手伝いをしたりした。その様子を見ていたドイツのNGOが「この人たちは素晴らしい」と感心し、以後、ずっと協力しながら活動をしているという。

彼らは山で植林もしているが、山に道がないので、一緒に道を作ったり、診療所を作ったりしている。彼ら自身がアイデアを出し、責任を持って動いている。農学校もできるかもしれない。地震が彼らに「やれるんだ」という自信をもたらしているという。

私は、話を聞きながら、彼らに自信と勇気を与えたのは須藤さんの日頃の教えだと思った。そのきっかけを作った須藤さんは素晴らしいと思うし、須藤さんを須藤さんたらしめた日本の土壌もすごいと思った。

「こちらは暑くて、電気もなくて、日本に帰れば涼しいだろうなと思うけど、どうしても帰りたいとは思わない。どこで死んでも同じじゃない」と須藤さん。そのとき、すぐそばを車椅子の患者が二人通り過ぎた。

「あの人たちは、どんな病気ですか？」

「ハンセン病ですよ」

よく見ると、その人たちの指や手首がなかった。この療養所には結核患者だけでなく、さまざまな難病をかかえた人や肢体不自由者、お年寄りなど、行き場のない人たちが集まってくるのだという。

「あの人たちのような病を持った人たちの心をどうやって癒《い》やすのですか？」

「別に癒やしてなんかいませんよ。癒やされているのはこちらです」

「あの人たちの心は、落ち込んだりしないのですか？」

「さあ、心のなかまでは分からないけれど、少なくとも表には出さないわよね。ここの人たちは生きることに一生懸命で、日本のように自殺する人なんかいませんね。日本では自殺する人が多いけど、ちょっと甘いわよ」

須藤さんは、そう話しながら仕事場に戻っていった。

銃を持って追いかけてきた男

私は、ハイチ取材に当たって、ホテルや車の手配を頼んだＪＩＣＡの結城亜津子《ゆうきあつこ》さんにお礼をいいたくて、夕食をともにすることにした。ちょうど、日本のＪＩＣＡ本部の木下晶子《きのしたあきこ》さんが出張で来ていたので、三人での会食となった。

レストランには午後六時に着いた。待ち合わせの時間まで、まだ三〇分あった。私はジャクソンに、「スーパーマーケットのジャイアントに行こう。カセットテープを買いたいんだ」と頼んだ。ジャイアントは大きなスーパー。到着した日に地図を買ったので覚えていた。

ところが、何か異変があったのか、ジャクソンは同じ道をぐるぐると回っている。どうもジャイアントへ行く道は通れないらしい。私は、「どうしたんだ？　通れないなら、ほかの店でもいいんだぞ。カセットテープを買いたいだけなんだから」。すると、ジャクソンは、「ええ、そうだったの？　ジャイアントに行きたいのだと思った」という。彼は、どうも応用力がない。二日前もそれで交通渋滞に巻き込まれた。

二軒のスーパーを見たが、両方ともカセットテープは置いていなかった。何でこの国には文房具屋もコンビニもないのだ。日本がいかに便利な国なのか思い知らされた。

二軒目のスーパーへ行ったとき、子ども二人が車の窓のところにやってきて、金をねだった。私は無視していた。ジャクソンは車を発車させようと少しバックしてハンドルを切った。そのとき、ガツンと隣の車とぶつかった。

私は、「まずい」と思った。見つかれば遅くなる。アポに間に合わないと思ったが、ジャクソンはそのまま何もなかったように走らせた。ところが、銃を持った男が追いかけてきた。ドキリとした。

男は、スーパーのガードマンだった。

「やばい」

私は観念した。ジャクソンは、ガードマンに連行されていった。

私はウンザリしていた。これは時間がかかるぞ。食事に行けないかもしれない。そう思った。ところが、ジャクソンは五分もしないうちに帰ってきた。興奮しながら、こういう。

「あいつらおかしいんだよ。あそこに子どもがいたろ。あのガキども、俺が品物を盗んで逃げたとガードマンに通報したらしいんだ」

「どうしてだ？」

「きっと、われわれがお金を恵んでやらなかったから、あのガキどもは、腹いせに通報したんだと思うよ」

なんてことだ。そんなことだったのか。車をぶつけたことだと思ったのに。ガキもガキだが、どうなってるんだ、この国は。

「難しい国だな。カセットテープ一つ買えないし、ガキもガキだし」

「まったく、難しい国だよ」

ジャクソンと私は、溜め息をついていた。

リンチ事件が多い理由

結城さんはハイチ計画省に所属。驚いたことに結城さんもボディーガードを連れて行動していた。結城さんは、「だから、普通の人たちと接する機会がない。ボディーガードが現地の人を追い払うから、まるでガラスの膜の内側からこの国を見ている感じよ」という。それでも、同僚のハイチ人たちから聞いた話を教えてくれた。

震災のあった当日は、人々は食うや食わずの状態。二日目になると、このままではダメだという思いで、それぞれが自分の持っているものを出し合って協力し合おうとしたのだが、三日目になるとその発想は崩れ、外国の援助なども入り、たちまち奪い合いの世界へと変化したのだそうだ。

「ここの人たちは、協力し合おう、団結しようという発想がない。弱い人たちへの思いやりがない。富裕層は湯水のようにお金を使うが、貧困層のために使おうという気はまるでない。貧困層を人間とは見ていないようだ。弱い者は死んでいくのだから、これから生きていく私のためにお金は使うべきだと主張する」のだという。

結城さんはハイチ人と次のような会話をしたという。

結城さんが、「もし、あなたが私の立場だったらどうか？　相手の立場に立ってものを考えたらどうか？」というと、相手は、「私はあなたではないし、あなたにはなれないから」と答えたのだという。そうなると、もう何をかいわんやで、次の言葉が出ない。お手上げだったという。

「約束を守らないのは当たり前、遅れるのは当たり前の世界ですから。約束通りだったりすると、どうしたのかと反対に驚いてしまう」と話す。

結城さんによると、ハイチの政府の職員たちは、ほとんどが縁故採用で入っているから、能力がある人は自然に排除されていく。一〇人いれば、二、三人は一生懸命働いているが、残りの人たちはサボっている。このやる気のある二、三人を何とかしたいのだが、生かす機会がなかなかない。

支援にしても、ここの要人たちの多くは、援助でいくら着服できるかということばかり考えている。ＪＩＣＡでハイチの案件を出してもらっているが、その要請書の汚職防止条項が気に入らないので直してくれという。断ると、「だったら要らない」と、まるで自分たちが援助をさせてあげているという態度なのだという。

特に震災後は、世界中から援助が来たものだから、たとえば台湾による何十年も前からの支援も、「ああ、あれは額が少ないから」と軽視する始末。長い間の地道な努力は評価されにくいようなのだ。

この国では治安や復興の面などで国連が大きな役割を担っているが、国連が信頼されているのかというと、それも疑問だという。コレラが二〇一〇年一〇月以降に蔓延《まんえん》したが、それはネパールのＰＫＯ部隊から出たといわれている。最初の患者が、ネパール隊の宿営地のそばで、毎日川で洗濯をしているおばさんだったし、そのコレラ菌は南西アジア特有のコレラ菌だったというのだ。

兵士が発症していなくとも、保菌者はいる。しかし、ネパール側は、「一気に広がったのは、ハイチの衛生状態が悪いことや、栄養失調で抵抗力がないこと、つまり貧困が原因だから、賠償責任はない」と主張しているのだそうだ。

ブラジル隊などは、一人で一〇個の手荷物を持って入国しようとしたので、不審に思った税関が「中身を見せろ」と要求した。ところが、ブラジル隊は、銃を天井に向けて発砲し、脅して持っていったという。ハイチ側はいつも弱い立場。治外法権で、最後は黙るしかないらしいのだ。

ハイチ地震で死亡者が多かったいちばんの原因は、建物の耐震性がなかったこと。この国には建物の建築基準はあるが、耐震性は問題にされていない。建築基準だって、係官が受け付けなくとも、大統領派の人間であれば、大統領に依頼して通してもらったりするのだから、基準はあってないようなものだとか。

それから、この国ではリンチ事件が多い。ハイチ人は法の裁きを信じていないから、自分たちでリンチをするという。

政府も貧しい人たちのために動いているのではない。「彼らは、どうせ電気代も払わないから」と、貧しい人たちの住む地区には電気を通さないのだとか。

ハイチ人はプライドが高く、ねたみがひどいため、コミュニティーが形成できない。ブタを育てて増やせば収入になるというプロジェクトも、最初の二匹の所有者がだれかでもめる。基本的に人を信用しないからだという。

食事をしながら話を聞いていると、本音がどんどん出てくる。だからといって結城さんは、ハイチ生活を嫌がっているようでもない。出来の悪い子が可愛くて仕方がないといった風な話し方なのだ。日本女性もたくましくなったものだと思った。

何が起きてもおかしくない国

私はその翌日、日本大使館の警備対策官の田中義正《たなかよしまさ》さんに会いに行った。この国の治安の悪さをよく耳にするが、どこまでが噂《うわさ》でどこまでが本当なのか、その根拠が欲しかったたからだ。

キャンプには強盗団がいるということも耳にする。実際、歩いているときにケンカをしている情景に出くわしたり、「国連よ、帰れ!」というプラカードを掲げたデモを見たこともある。私は、実際に犯罪に遭遇した人たちの話を聞きたかったが、だれも本当のことを教えてくれない。

運転手のジャクソンは、「本当のことをいうと、報復が怖いだろ」という。それも一理あると思った。私はあきらめて、大使館に問い合わせたところ、犯罪統計を持っているというので、見せてもらうことにしたのだ。

田中さんは、セコムからの出向で、二〇一〇年四月に赴任した。

この国の治安はどうですか?——そう切り出すと、「決して良くはないですね。こういう国なんでしょうが……」と顔をしかめた。

田中さんは二〇〇四年から二年間、インドのムンバイにテロ対策要員として派遣されていたことがある。当時は、列車爆破などのテロが頻繁に起こったという。

「ここはテロはないが、一般の犯罪は多いです。テロがないのは、爆弾を作る金と能力がないからでしょうね」と首を傾げた。

「でも、ピストルは多いですよ。ライセンスも管理できていないですから。銃が多いのは、軍を解体したとき、武器を回収せずにやったのと、麻薬などの密売がハイチ経由で行われていたことがあり、そのとき銃器もたくさん入ってきたのです」と説明する。

田中さんは、頼んでいた統計を見せてくれた。MINUSTAHの調査だった。

犯罪の種類は、誘拐、殺人、私刑、婦女暴行、暴行、家庭内暴力、強盗、盗難に分かれていた。ぱっと見て、いちばん目につくのは、総件数が地震の後ではそれ以前の倍に増えているということ。二〇〇九年七月に二八八件だったのが、二〇一一年は七六〇件となっている。なかでも最も多いのが暴行。二〇〇九年七月には八八件だったのが、二〇一一年は三五八件と急増している。なかでも誘拐は、震災前は一ヵ月に四〜七件ぐらいだったのが、震災後は一〇件を超えるようになってきている。

「どんな誘拐なんですか?」

「身代金目的で、大人でも子どもでも誘拐されます。外国人も誘拐されています。日本では誘拐なんて滅多《めった》に起こらないですから、数字でいうと、日本の一〇〇倍は起こっているのではないですか。そのまま殺されたりしているケースもあります」

「じゃあ、僕なんかも一人で動いているのは危険ですね?」

「そりゃ、危ないです。実際、二〇一一年二月、日本のNGOの方が、銀行から出てすぐ、肩をピストルで撃たれて一〇〇万円近くのお金を盗まれています」

「検挙率はどうなんですか」

「さあ、この国では犯人が捕まったという話は聞いたことがないですねえ」

私は、少し怖くなった。日本とはまったく異質の世界がここにある。

「震災直後はどうだったんでしょう。相当混乱したのではありませんか」

そういって、統計を見ると、二〇一〇年の一月、二月は、犯罪の総件数が一三六件、一七七件と、震災前の平均の半分ぐらいしかない。

「どうしたんですか、この数字は。普段より少ないじゃありませんか」

「いやね。これは調査できなかったのだと思いますよ。それどころじゃなかったのだと思います」

それはあり得ることだと思った。田中さんは、

「直後のことは、私もいなかったのでよく分かりませんが、刑務所が壊れて三〇〇〇人の脱獄があったそうです。彼らが何も悪いことをしないわけはないでしょう。何も持っておらず、着の身着のままなんですから。ハイチ警察は、脱獄囚のほとんどを検挙したというんですが、本当かどうか疑わしいですね」

と話す。

「この私刑っていうのは？」

被災者キャンプの前で始まったケンカ

「自分たちで勝手にやってしまうんですよ。この国の司法の能力は低いですから」

前夜、結城さんが話していたリンチだ。こうやって数値が出るほど多いのだ。

「吉岡さん。たとえば、交通事故で人を轢《ひ》いたとき、絶対に車から外に出ないでください。リンチに遭いますから。たとえ運転手が悪いにしても、あなたも一緒にやられます」

私は以前、アフリカでも同じ注意を受けたことがあるから驚きはしなかったが、やはりとんでもない国だと思った。

「二〇一〇年九月から大統領選挙が始まったので犯罪件数は増えていましたが、終わっても一向に減らないんですよね」

表を見ると、その通りだった。聞くところによれば、国連は少しずつ人数を減らし撤退を考えているという。この数字を見る限り、どうなるのか不安になる。

「何が起きてもおかしくない国ですからねえ」

田中さんは、そういって暗い表情を見せた。

クレオール音楽で知る日本人

帰り道、私は憂鬱《ゆううつ》な気分だった。

犯罪だらけのうえに、ハイチの人たちはゴミのなかで暮らしている。道路脇の至るところにはゴミが山と積まれ、犬がエサをあさっている。気温は、連日三五度を超え、その喧噪感はまさに最貧国。大統領官邸は崩壊したままで、その周辺にはおびただしい数のテントが並んでいる。

この国の失業率は七〇パーセントにも達している。頼みの綱は国連だが、国連排斥《はいせき》デモが起こっている。国連のゴミ捨て場は、残飯を探す人や、廃品をリサイクル業者に売って生活する人たちであふれている。国連に反発しても、依存するしかないハイチの人たち。ジレンマのなか、日本以上に復興の出口は見えない。

この国は救いようがないように思えた。こうなったら、かつてのインドがそうであったように、仏教なりヒンドゥー教なりの宗教や哲学を生み出すしかないのではないだろうか。そこまで行かなくとも、新しい文学や芸術を生み出すのだ。そんな代償がない限り、この貧困や絶望は報われないような気がした。

その夜、私の考えを裏づけるような出来事があった。

私は、ホテルの部屋でうつらうつらしていた。昼間の疲れと時差と、それと夕食時に飲んだハイチビールが頭のなかをグルグルと回っていた。そのとき、地面の底から野太いリズムとキラキラとしたメロディーが聞こえてきた。

この音はどこから聞こえてくるのだろう。時計を見ると夜の一〇時だった。こんな夜更《よふ》けにだれが音楽を奏《かな》でているのだろう。どう聴いても生の音だった。レコードやCDのような整備された音ではなく、音の一つ一つがわれもわれもと自己主張し、調和が取れていなかった。その和音もリズムも音質も、私の知らないものだった。

私は音の正体を突き止めるべく、廊下に出て、フロントに向かった。私の部屋は二階にあった。一階へ下りる階段に近づくと、音の正体が分かった。私は、階段の横にあるバルコニーから一階のホールを覗いた。そこはホールというよりも鍾乳洞《しょうにゅうどう》のような空間で、壁にはサイケデリックな模様が描かれていた。私は毎日その横を通るたびに、ここは何をするところだろう、ホテルらしくないなと、不思議に思っていた。

その謎がいま一瞬にして解けた。そこは、音楽ライブをする空間だったのだ。それも現地のクレオール音楽。従業員に訊くと、ホテルのオーナーがミュージシャンで、ときどきそこで演奏するのだという。それに出くわしたのだった。

普段はガランとした空間なのに、今夜は人で埋まっていた。酒を飲む姿も見える。二階からは、ホールのほぼ全貌《ぜんぼう》が見えた。バンドメンバーは一〇人ほど。それに女性ダンサーが三人加わっている。

ダンサーたちは、不思議なことに中年女性だった。日本でいえばおばさんだが、そのおばさんたちが堂々と、実に堂々と体を動かす。尻や胸を突き出し、あごや高い鼻を突き出して「何よ、何か文句でもあるの?」といわんばかりに自信満々に踊る。

私はその姿に素直に感動した。リズムの激しい音楽は若者のものだとばかり思い込んでいた自分の観念が見事にたたき壊された。彼女たちの動きには生活感がにじみ出ていた。音楽とは、生活感を見せない、美しい詩的な部分だけの結晶だと思っていたが、そんな概念もぶっ壊された。泥臭い生活感が、惜しげもなく堂々と道の真ん中を歩いていた。私の目から涙があふれた。

私は吸い込まれるように階下に下りた。クレオール音楽に生で接するのは初めてだった。レゲエ音楽ともラテン音楽とも違う。どちらかといえば、西アフリカのザイール(現在のコンゴ民主共和国)の音楽に近い。激しいリズムと音の層の厚さに驚かされる。バンドメンバーの一人一人は単純な音しか出していないのに、一斉《いっせい》に奏でると、大きな音の塊となって爆発する。

馴染みのある西洋音楽のように洗練されてはいない。その重量感が容赦なく体にぶつかってくる。洗練度や音の正確さはもうどうでもいいといった具合である。

演奏がクライマックスに達すると、派手な長いアフリカ風の衣装を着た、これまたおばさんが、何か壺《つぼ》のようなものを持って観客の間を泳いでいる。私のそばに来ると、「腕を出しな」と命令する。私が従うと、腕に液体をたらした。鼻を近づけると、柑橘《かんきつ》系の甘い香りがした。それは脳細胞の隙間に入り込み、アルコール分と混じり合い、体を宙に浮かせるようだった。

ここの人たちは、陶酔のためだったら音楽だけでは飽きたらず、香りまで総動員しようというのだ。これは生命への賛歌だと思った。昼間の、あのどうしようもないけだるさを誘う暑さと、無力感を誘うゴミの臭いとは正反対の空間がここにある。昼間

クレオール音楽のライブ会場

にぎやかなクレオール音楽を奏でるバンド

は、ひたすら死と対峙《たいじ》しているような忍耐の世界。夜は、生きている歓喜の世界だ。

私は陶酔感のなかで、その夏に自殺した友人のことを思い出していた。友人は映画プロデューサーで、今度一緒に映画を作ろうと話していた矢先だった。彼は死ぬ直前、「東日本大震災以後、仕事が激減していて、このまま仕事を続けるのが難しい。職業替えを考えている。映画は虚業だ。世の中が不景気になると、まずわれわれのような虚業から淘汰《とうた》されていく」と語っていた。彼はまだ四〇代、結婚したばかりだった。私は「じゃあ、実業で一から出直すのもいいんじゃないか」としかいえなかった。

次の日の朝、彼は発見された。震災の影響は、こういう形でやってくるのだと思った。

それにしても、彼に夢や希望を語れなかった自分が情けなかった。

「なぜ、生きなかったのだ！」

私の声は、音楽にかき消されていた。私はリズムに揺られながら天を仰《あお》いだ。涙が首筋を伝わった。その前日に会った、シスター須藤の言葉が蘇《よみがえ》ってきた。

「日本人は甘いのよ。まだ余裕があるから自殺なんかするのよ。ここの人たちは自殺なんかしない。ただ懸命に生きている」

そう、その通りだと思った。ハイチの人たちは、ゴミのなかからはい上がろうとしている。あんな豊かな国に生まれて、友人はどうして生きなかったのか。

「バカヤロー！」

私の声は再びかき消された。

大震災から必ず何かが生まれる

ハイチの人たちはゴミで楽器を作っている。クレオール音楽の特徴であるキンキンキンと甲高《かんだか》い音を出す鐘《かね》（ゴンと呼ばれる）は、どう見たって鉄くずをたたいているだけだし、ブリキで作ったラッパ（バンブ）は単音しか出ないのに、それを三本も四本も使うことで和音を作り出し、曲のクライマックスで最高潮に盛り上げる。

また、ハイチ人は、ゴミのなかのブリキや鉄くずや安っぽい紙を使い、自分たちの祖先のブードゥー教の飾りやカラフルな地元のバスを模した土産物のアートを作ったりしている。何というたくましさだろう。

音楽にしてもアートにしても本来、表現とはそういうものだと実感させてくれる。ジャズが美しいのは、奴隷となった黒人たちがそれだけ悲惨だったからだ。表現とは、憎悪《ぞうお》や犯罪の代償として、美に昇華する。

私は、この国に来て、どうしようもなく悲惨な状況に驚いた。人々はゴミのなかに暮らしている。だが、ゴミのなかから表現を見出したのだ。

ハイチでできるなら、日本でもできるはずだ――私は、クレオール音楽の渦のなかで、東日本大震災のことを思い出していた。被災者、芳賀正彦の「復活の薪プロジェクト」は、ガレキを利用している。ガレキはゴミだ。何の役にも立ちそうにないゴミくずから何かを再生する。それはハイチのたくましさと共通していると思った。

文化とはそういうものだ。破壊のなかから新しいものが生まれる。日本を揺るがした東日本大震災。そこから必ず、何かが生まれるのだ。

クレオール音楽のライブは、夜更けまで続いた。最後は全員総立ちとなり、ステージの開いた隙間で人々は輪を作って何度も何度も舞った。

終　章　被災地アメリカ

異様な九・一一の一〇周年式典

二〇一一年九月一一日――私はニューヨークのグラウンド・ゼロに立っていた。ちょうど九・一一同時多発テロの一〇周年式典が開かれていた。

九・一一同時多発テロは、さながら、日本の三・一一東日本大震災に相応するような事件だったのではないか。人々は深く傷つき、アメリカは「被災地」になったのだ。

式典会場には関係者しか入れないが、式典の始まる午前八時を過ぎると、周辺には大勢の人たちが集まっていた。私は、その雑踏《ざっとう》のなかにいた。

予定通りハイチを離れ、帰路についた私はニューヨークに立ち寄った。安チケットだから、行きと同じようにトランジットで二〇時間も待ち時間があった。今度は空港に泊まらず、マンハッタンのホテルに泊まった。その翌朝が偶然にも九・一一だったのである。

何も計算したわけでもなく、スケジュールを合わせたわけでもなかった。

「二〇時間は長いから、ホテルに泊まるよ。久しぶりにマンハッタンを見たいから、ホテルを予約してよ」

私はパソコンの前にいた妻に、そう頼んだ。妻は、

「何日にニューヨークに入るの？」

と訊いた。

「えーと、スケジュールだと九月一〇日夜だな。あれ、翌日は九・一一の日だ。ええっ！」

「一〇周年。あなたって、ついてるわね」

そんな感じだった。どういう因縁なのだろう。私はそれがあたかも必然でもあるかのようにグラウンド・ゼロに向かったのだった。

到着したのは午前七時。式典開始までまだ一時間あったが、グラウンド・ゼロの東側のブロードウェイには大勢のメディアや見物人が来ていた。しかし、それよりもポリスの数のほうが多く見える。一〇年という節目だからか、バラク・オバマ大統領とジョージ・ブッシュ元大統領が参列するからか、物々しいムードに包まれている。

私が到着すると、イギリスの警察隊がちょうど到着したところだった。二〇～三〇人が、国旗ユニオン・ジャックを掲げて行進する。見物人が囲む。なかの一人が彼らに向かって、「よく来てくれた。感謝するよ」と声をかけた。カメラマンたちが行進を追いかける。私も彼らに交じって、シャッターを切る。

ポリスが「道路をふさぐな」「そこに立ち止まるな」と怒鳴り、やたらと邪魔をする。私は、九年前の一周年のときも訪れているが、そのときよりも警戒は厳しい。われわれが通れる範囲もワンブロック遠ざけられている。日本では見たこともない光景だ。

一人のポリスは、行ったり来たりしている私に、「そこを渡るな。あっちへ行けっていったろ。もうここを通るな」と怒鳴った。異様な雰囲気である。

日本でも取材時に警官と対立することはよくあるが、あんな言い方をされたことはない。日本の警官はもっと丁寧だ。私が黄色人種だから語気を強めるという面もあるに違いない。アメリカでは差別は日常茶飯事だ。

その朝、ホテルでも嫌な思いをした。ロビーをビデオで撮影していたら、突然、男が話しかけてきた。

「どこから来たんだ?」

「日本だよ」

「じゃあ君は、ノムラを知っているか? 私はノムラの人間なんだ」

「知らないよ。ノムラっていったって、その名前は日本にたくさんあるからね」

そう答えると、男の眼光が鋭くなり、

「私はノムラセキュリティーの人間だ。君はノムラを知らないのか?」

とまた似たような質問をしてくる。

「知らないよ」

まさか野村證券の関係者ではあるまい。そうだとしても、この場面で何の権限があるとい

行進するイギリスの警察隊

うのか。

「ノムラを知らないなんて、怪しいヤツだ。ノムラは日本一大きな会社だぞ。それを知らないなんて」

と、ホテルのマネージャーを呼んだ。そして、二人で私に詰め寄った。

ビデオのカードを差し出せという。冗談ではないと思った。ここにはハイチの映像がたくさん入っているのだ。マネージャーは「公共施設内では撮影禁止になっているんだ。ホテルもそうだ」と説明する。そんなこと聞いたことないぞ。観光客はホテルぐらい撮影するだろう。

「撮った目的は何だ？　なぜ撮るんだ？」

と二人は、なお迫ってくる。

「そんなの旅の思い出だろ。マンハッタンの真ん中にいるという気がしたので、それを撮っておきたかったんだ。撮影禁止なんて知らなかっただけだよ」

「いいから、カードを出せ！」

と睨みつける。

「嫌だよ。じゃあ、ここで撮った二カットだけ、消せばいいんだろ」

二人は、仕方ないなという顔をした。それでも、私がモタモタしていると、ノムラセキュリティーは、もう面倒くさくなったのか、「もういいよ。あっちへ行け」とばかりにあごを二、三度しゃくりあげた。日本ではついぞお目にかかれない人を見下した態度だ。

私は解放されたが、納得できなかった。しかし、これ以上関わると事態は悪化しそうだった。私は黙ってその場を去った。嫌な思いだけが残った。

これも差別のなせる業《わざ》なのかもしれない。もし差別でないとしても、ホテルのロビーで写真も撮れない国なんてどうかしている。自由を標榜するアメリカって、何て不自由な国なんだろう。

日本が選択肢の少ない社会ゆえに

セントポール教会の鉄柵《てっさく》には祈りの言葉を書いたリボンや花を手向《たむ》ける人たちがいる。なかには、遺影を持った犠牲者の遺族もいる。彼らをメディアが取り囲み、マイクを向ける。ロータリークラブか何かの関係者だろう、家族そろってアメリカの国旗を配る人たちもいる。それをもらった人たちは、国旗を頭に掲げたり、ベルトに差したり、バッグに差したりして、国威発揚のムードを盛り上げている。

七〇歳くらいの老人が、「どこから来たのだ？」と話しかけてきた。日本からだと答えると、「日本からわざわざ来てくれたのか。ありがとう。自分はカリフォルニアからだ。一〇年前から一度来たいと思っていたが、やっとここに来ることができた」と上機嫌だ。

道路の向こうでは、いくつかのグループがプラカードや横断幕を掲げている。「The Bush Regime Engineered 9・11（九・一一は、ブッシュ政権が作り上げた）」「The Bush Gang Deal 9・11（九・一一は、ブッシュ団の仕業《しわざ》だ）」

中国人のグループは「神佑美国（神はアメリカを救う）」のプラカード。

「エンド・ウォーズ・ナウ、エンド・ウォーズ・ナウ（いますぐ戦争をやめろ）」のかけ声も聞こえる。

午前八時五分前。セントポール教会横のゲートに向かって白バイやパトカーが列をなしてやってきた。大統領を先導している。緊迫したムードが広がる。報道陣のカメラが一斉に追いかける。

黒いリムジンが見えた。想像よりも長く重々しい。実際、鋼鉄と分厚い防弾ガラスでできているので重量があるに違いない。それにしても長い護衛集団。リムジンは二台だが、一〇台以上の白バイ、二〇台を超えるパトカーなどの警察車両が通り過ぎた。

式典が始まると、訪れる人も増えてきて、歩道はいっぱいだ。TBS、日本テレビ、NHK……と日本のメディアも忙しそうだ。NHK「ニュースウオッチ9《ナイン》」の大越健介《おおこしけんすけ》キャスターも緊張した面持ちでレポートしている。

私は朝食を取るために、カフェテリアに入った。こぎれいな店だ。メニューを見ると、種類が多いので迷ってしまう。味噌汁までメニューにある。

アメリカ人は選択肢が増えれば増えるほど幸福感が増すと考えているところがある。だから、あらゆる場面で選択の自由が与えられる。日本人の私からすると、いちいち選ばされるのが面倒くさくなる。朝食の卵だって、スクランブル、ボイルド、オムレツ、スパニッシュオムレツ、フライドと五種もある。

「フライドエッグ（目玉焼き）」なんていおうものなら、またそこから選択が始まる。サニーサイドアップ（片面焼き）、オーバー（両面焼き）、ウェルダン、ミディアム。さらにウィズベーコン、ウィズハム、ウィズソーセージと来る。ただし、卵の数に「一つか二つか」の選択はない。必ず二つなのだ。

セントポール教会の前でアメリカ国旗を配る人たち

先進国で自由の国である日本から来た私でさえ面倒なのだから、途上国から来た人はウンザリするに違いない。自由に懐疑的なイスラム原理主義の人から見ると、どう映るのだろうか。

現代の先進国は、選択肢が増えることこそ進歩であり、幸福のバロメーターだと考えているフシがある。しかし、「アメリカの歯磨き粉は何十種類もあるが、フッ素の入っていないものはない」といった友人がいた。アメリカ人の多くは、アメリカ型の自由や民主主義が善であり、それ以外は善ではないと思う傾向がある。それがしばしば反発を買うところだ。

人間は時には不自由さのなかに幸福を感じたりする。敷かれたレールの上を無自覚に流されたり、制服のなかに身を沈めたりすることにも、安心感があるものだ。そこから見えてくるのは人間。必ずしも自由だけが幸福を得る唯一の方法ではないし、いつも意識的に生きることが、生きている証《あかし》にはならない。

私はやっとの思いで目玉焼きとミソスープとマフィンを注文した。ワカメ入りのミソスープを飲みながら、私は東北新幹線から脱出した翌朝に食べた、おにぎりに味噌汁の朝食を思い出していた。日本は選択肢の少ない社会という意味では、アメリカと正反対だ。だからこそ、あの吉里吉里の団結力も生まれてくるのだと思った。

被災者の行動に見る儒教・武士道

私は、日本の被災者が外国に賞賛されるほど整然としていられるのは、日本の農耕文化のせいだと書いた。しかし、それだけではないような気がずっとしていた。

震災後、日本に帰化したアメリカ人の学者ドナルド・キーン氏に意見を伺おうとインタビューを申し込んだことがある。キーン氏は、

「私は、それは儒教のせいではないかと思っていたが、そうだとすると、中国人も同じようでなければならないはず。（でも、中国人はそうではないから）よくわからないのです」

と日本語で書いたはがきをよこした。

私は、ここ一神教の国アメリカに来て強く思うのは、日本の農耕文化の前に、日本人のベースとしての多神教や自然崇拝（アニミズム）が影響している気がしてならない。

私が二年間暮らした和歌山県の熊野《くまの》地方には、昔ながらの宗教観がよく残っている。世界遺産に登録された熊野三山などを見ていると、日本の最初の宗教は自然崇拝から始まっていることがわかる。

神道《しんとう》は、昔から滝や岩や山などの自然がご神体である。自然崇拝の神道には、もともと社殿などなかったが、のちに伝来した仏教は大きな寺院を構えた。人々は立派な寺院に感服し、仏教に流れかねない。それを阻止するためか、神道も社殿を建てるようになり、ひいては仏教と結びついた。神仏習合である。

なぜ、神道は他宗教である仏教を受け入れたのか。神道は多神教だから受け入れやすかったからだ。九・一一は、ユダヤ教とキリスト教対イスラム教という一神教同士の戦いだ。一神教は、ほかの神をなかなか受け入れがたい。熊野三山が世界遺産に登録されたのは、神道が平和的に仏教を受け入れたという精神性も理由の一つにある。

日本の被災者の態度と日本の宗教観が関係しているのは、災害は自然のもたらすものだからだ。自然は神だから逆らえない。人々はあきらめとともにすぐに受け入れる。そして、自然は恵みをもたらすことも体がよく知っている。その上に長い伝統を持つ農耕文化が乗っかるのだ。

だが、日本人被災者の姿勢が立派なのは、それだけが理由ではない。農耕文化の上に儒教精神と武士道がさらに乗っている。儒教は礼節やリーダーのあるべき姿などを教えているが、孔子が最も推奨した一語は「恕《じょ》」だ。訳すと「思いやり」。これは、十分日本人に浸透している気がする。

武士道は、日本人の職人気質が作ったものだと私は思っている。日本人の職人気質については前に述べた。日本人は、自分の仕事に倫理観と美意識を求めようとする。いわゆる「道」というやつだ。

日本人は、「この道一筋」というのが好きだが、それは職人気質によるものだ。日本人は、何をするにも、そこに人生の道（倫理）を見出そうとする。柔道、剣道、茶道、華道と同じように、社長道だったり商人道だったり芸人道だったりする。サラリーマン道だってあるのかもしれない。

職人の世界にも「道」を思わせるようなはっきりとした美意識がある。日本人は、すべての職業に道を見出そうとするわけだから、武士もその例にもれなかったというわけである。

日本人の精神は重層的になっている。それを、さらに包み込んでいるのが（自然崇拝という原点でもあるのだが）日本の四季だ。日本人にとっての四季が、団結力を強めた。日本人は挨拶で、まず「暑いねえ」「今日は、寒かねえ」などと話しかける。それが会話をスムーズにするし、同じ体験が仲間意識をもたらす。

アメリカ人は、時候の挨拶もなく「ハーイ」といって、すぐフレンドリーさをアピールする。そうしなければ、ズドーンと銃で撃たれるからだ。自然という共通の話題から入っていけないので、仲間意識がなかなか育ちにくい。

またハイチは、日本のような重層的な文化とは正反対で、遠いアフリカから連れてこられて、黒人の文化に、ヨーロッパの文化を無理矢理に注入された文化といえる。そこには、ちぐはぐさや不自然さがどうしても見えてしまうのである。

アメリカで考えた、がんばれ日本

店を出ると、そこに自由の女神の恰好をした女性が立っていた。まるで運動会の仮装のようだ。女性はチラシを配ったり、賛美歌を歌ったりしている。そして、「軍や警察で取り締まれば、安全が保たれるというわけではありません」と叫んでいる。宗教関係者らしく、自由を呼びかけているのだ。

そこへブロンドの髪の長い女性レポーターが来て質問を浴びせた。

「では、今日のような日にポリスや警備なしで安全が保たれると思いますか？」

自由の女神の恰好をした女性

自由の女神は、その質問にどぎまぎしながらいう。

「それは、いろいろな状況があるでしょうが……」

女性レポーターは、勝ち誇ったようにニヤリとした。そして、「あなたは素晴らしい声の持ち主です」と持ち上げた。

そのとき、グラウンド・ゼロのほうから聞き慣れたメロディーが流れてきた。「アメイジング・グレース」だ。自由の女神は、思わず曲に合わせて歌い始めた。そばにいた若い女性二人の目から涙がこぼれ始めた。自由の女神の向こうを、モーゼの恰好をしたヒゲの男性が通り過ぎている。日本に当てはめれば、親鸞《しんらん》や空海《くうかい》の恰好をして歩くようなもの。ありえない。

道の反対側には、デモをする連中が横断幕を広げている。そこには「Today we are all Americans!（今日、われわれは皆アメリカ人だ）」と書かれていた。私は、最近の日本でよく見かける「がんばれ東北、がんばれ日本！」というフレーズを思い浮かべていた。

おわりに——国民のレベルの高さに甘える日本の為政者

私は、あまりに悲惨なハイチの状況を見て、新たな文学や哲学が生まれるのではないかとさえ思っていた。

帰国してから、その事実の一つに巡り合った。ハイチ出身の文学者に出会ったのだ。名はダニー・ラフェリエールさん。ハイチの新聞記者だったが、ジャン＝クロード・デュバリエ大統領の時代に政府を批判し、亡命せざるを得なくなった。現在はカナダのモントリオールに住む。

亡命後に小説などを書き始め、フランスで最も権威ある文学賞メディシス賞を受賞した。また、彼は三島由紀夫や谷崎潤一郎《たにざきじゅんいちろう》ら日本の文学に精通しており、松尾芭蕉《まつおばしょう》から大きな影響を受け、『吾輩は日本作家である』という作品まで書いている。

小説『帰還の謎』とハイチ地震の模様をノンフィクションでつづった『ハイチ震災日記』の日本語版出版のプロモーションのために来日していた彼に会った。

ラフェリエールさんは日本を訪れるのは初めてで、私が会ったときは東日本大震災の現場を見たあとだった。

彼は、

「日本とハイチはどちらも島国で、自然災害と隣り合わせで生きているという点では似ているが、違う点があった。それは、ガレキの残る東北の小さな町で、トラックやブルドーザーなどの作業車両が三〇台ほど並んでいたが、そんな光景はハイチでは見られなかった。ハイチでの復旧作業は人間の手で行うもので、あんなに大規模に行われはしない。復興のスピードが違う」

とうらやましそうに語ってくれた。

私が、被災者や日本人の忍耐力について問うと、

「渋谷駅のラッシュアワーには驚いた。午前七時から八時の間、通勤者らは列を作って、じっと電車を待っている。あんな状態が続けば、どんな国でも暴動が起こる。日本人は整然としている。それが信じられない。ハイチでは、一〇人いれば五つの政党ができるといわれる」

と話した。日本人は、それぐらいじっと我慢する国民で、ハイチ人は自己主張の強い国民ということだろう。

ハイチから帰国して、もう一つ驚いたことがある。ハイチの行政官らが日本に招待され、阪神・淡路大震災の復興活動を勉強する研修会が行われていたのだ。主催はＪＩＣＡ。日本は災害、震災の復興・復旧においても先進国なのだ。教える術《すべ》も持っている。

日本政府の震災への対応のまずさには目を覆いたくなるが、他国から見れば、まだマシなようだ。それは、政府というよりも、民度の高さがなせる業《わざ》なのだ。

よく、「政治家のレベルが低いのは、選んだ国民のレベルが低いからだ」という。違うのだ。日本の政治家は、レベルの高い国民に甘えられるので、決断を下さなくてもいいという構造になっているのである。ハリケーン「カトリーナ」が襲ったアメリカのニューオーリンズでは略奪が相次いだが、その様《さま》を見た為政者は、「その暴力は次には自分に向かう」と考えたはずだ。

青年海外協力隊員としてエチオピアで活動していた当時、私は日本が好きではなかった。アフリカへ行ったのは、日本から逃げ出したかったというのが本音であった。しかし、アフリカで暮らすうち、いかに自分が日本に守られているかを感じた。その後六七ヵ国を回るうち、いかに日本が素晴らしい国かが分かってきた。日本のパスポートを持っていれば、たいていの国には簡単に入国できる。友好的な国であるからだ。そんな国は意外に珍しい。

以上が、旅を通して見た日本人像だ。現場レベルの日本人はすごい。日本に生まれてきたこと、それ自体幸運なことなのだと思った。

出版に当たっては、講談社生活文化第三出版部の間渕隆担当部長にお礼をいいたい。私が東北新幹線に閉じ込められた話をしたとき、「震災の話を書きませんか」と提案してきたのは彼だった。前作『白人はイルカを食べてもOKで日本人はNGの本当の理由』に続いて、間渕さんとの共作となった。

芳賀正彦さんら東北の被災者や、ハイチの被災者たちにも大変お世話になった。彼らの存在そのものが、世界に勇気を与えている。一刻も早い復興を願いつつ、筆を擱《お》きたい。ありがとうございました。

吉岡逸夫《よしおかいつお》

二〇一二年二月

吉岡逸夫

1952年、愛媛県に生まれる。東京新聞編集委員。米コロンビア大学大学院ジャーナリズム科修了。青年海外協力隊員としてエチオピアのテレビ局と難民救済委員会で勤務したあと、世界67ヵ国を取材。特に、ベルリンの壁崩壊後の東欧、湾岸戦争、カンボジア内戦、アフガニスタン紛争、イラク戦争、自衛隊PKOなどの取材を精力的にこなす。1993年・94年に東京写真記者協会賞を受賞。
著書には、開高健賞奨励賞を受賞した『漂泊のルワンダ』(牧野出版)、『白人はイルカを食べてもOKで日本人はNGの本当の理由』(講談社＋α新書)などがある。また、ドキュメンタリー映画の監督作品としては、「笑うイラク魂」「アフガン戦場の旅」などがある。

講談社＋α《プラスアルファ》新書 **567-2 C**

東《ひがし》日《に》本《ほん》大《だい》震《しん》災《さい》に遭《あ》って知《し》った、日《に》本《ほん》人《じん》に生《う》まれて良《よ》かった

吉《よし》岡《おか》逸《いつ》夫《お》 ©Itsuo Yoshioka 2012

2012年2月20日第1刷発行

発行者―――― **鈴木 哲**
発行所―――― **株式会社 講談社**
東京都文京区音羽2-12-21 〒112-8001
電話 出版部(03)5395-3532
販売部(03)5395-5817
業務部(03)5395-3615

カバー写真―――― **吉岡逸夫**
デザイン―――― **鈴木成一デザイン室**
カバー印刷―――― **共同印刷株式会社**
印刷―――― **慶昌堂印刷株式会社**
製本―――― **株式会社若林製本工場**

ISBN978-4-06-272748-8